Martial Arts in the World

世界のマーシャルアーツ

日本伝統武道［最後の達人］初見良昭 Hatsumi Masaaki

天翔りゆく希望もて（発刊に寄せて）

倉田　寛之

　真の日本の武道とは、世界の武道とは、を求めて研鑽を積まれた初見先生が、集大成ともいうべき本書を発刊されましたことを心からお祝い申し上げます。

　必ずや本書は、世界の斯界に身を置かれる皆様に、大きな感銘を与えられることと存じます。

　人生を歩む道程には、多くの人と人との出会いがあります。私は、人生は人と人との出会いにはじまり、出会いに終わるのではと常に思っております。初見先生との出会いは私の友人M氏を通してですが、今、素晴らしい友人を得たことに深い感動を覚えます。

　それは、初見先生から「心高志潔」の人間性が脈々として伝わるからでもあります。

　本書の発刊にあたり、先生の益々のご健祥と限りない発展をお祈りして寄稿といたします。

世界のマーシャルアーツ

● 目　次

● 第1章　　　　　　　　　　　　　5

映像の世界

● 第2章　　　　　　　　　　　　　27

アメリカのマーシャルアーツ

　1　出　発　　　　　　　　　　　　28
　2　ニューヨークのアスファルト・ジャングルで　　33
　　　　8月12日㈭──34
　　　　8月13日㈮──37
　　　　8月14日㈯──38
　　　　8月15日㈰──39
　　　　8月16日㈪──40
　3　ロスアンゼルス　　　　　　　　44
　4　カンゴク・ロック，そして窓のない学校　　53

contents

Martial Arts in the World

    5   マーシャルアーツ世界大会　アメリカ編　　　　　　　61
    6   コレクター達　　　　　　　　　　　　　　　　　　87
    7   女性は強し　　　　　　　　　　　　　　　　　　　100
    8   西部劇とインディアン　　　　　　　　　　　　　　105
    9   活法と医療　　　　　　　　　　　　　　　　　　　109

●第3章　　　　　　　　　　　　　　　　　　113

世界のマーシャルアーツ

  1 武術の歴史は日本だけのものにあらず　　　　　　　114
      オランダ　115
      揚心流伝書（著者蔵）　137
      誇り高き東西の剣豪　144

  2 現代に生きる武術家探訪　　　　　　　　　　　　　148
      ●スウェーデン　ボームンテ君　148
      ●フランス　シルバン・ギャンター君　155

contents

Martial Arts in the World

- ●スイス　ステファン・チョップ君　168
- ●ポルトガル　ロイ・メンドーサ君　169
- ●インド　アルＴＶマニ君　188
  - インドの武術を語る……188
  - マニ君の演武……194
  - 稽古で語ろう……230
  - カラリとは何か……249

3　但かみながらの術を彼等も見た　297

●第4章　313

世界マーシャルアーツ大会

　世界マーシャルアーツ大会を見て／石黒　敬章──347
　武道史にない画期的な大会／小山　龍太郎──349
　オー・マイ・サンシャイン／宗谷　真爾──350

● 第1章

映像の世界

私達の世代は、トーキーになってからの映画に狂ったものである。戦前に見た映画は時代劇と戦争映画が主で、およそラブストーリーの映画等は見てはならないものであった。終戦と共に時代劇は消え、それに代わる西部劇がスクリーンで大暴れを始めた。

　私の青春は、ステートフェア3Hクラブの初のテクニカラーの映像と共に始まった思いがする。ラジオから流れでる「忘却とは忘れ去ることなり」の『君の名は』の語りが暗示していたのか、暴力を忘れさせられてしまった"亡力的男性"が誕生し始めた。新宿のケニーの店あたりだったか、男性が女装して、女性上位時代に平衡して生きようとする姿がチラホラと現われ始めたのも思いだされる。

　時代劇の復活と共に、日本経済界の黄金時代が来たと言ってもよいだろう。「日本はサムライの国ですね」と外人が言うのもむりないというほど、時代劇が作られた。忍者ブームが突然吹きだした。私もまた講演を依頼されたり、ＴＶに出演したり、お芝居を指導したり、取材を受けたり、日本だけならまだしも、朝鮮戦争、ベトナム戦争をきっかけとして、青い目のカメラマンが野田の片田舎までやってくるようになった。

　動画『風のフヂ丸』を筆頭に、『忍びの者』、前進座の『黒田騒動』、『００７』、帝劇の『戦国逆々伝』、芸術座の『壬申の乱』、『赤ひげ』、東映の『直撃地獄拳』、『柳生一族の陰謀』等。その指導やら出演、有名税の後に続いた防衛庁、警視庁、消防庁での演武や講演の依頼にも多忙をきわめ、その潮流の中を泳ぎきったのもこの頃だった。

戦後1回目の忍者ブーム
少年マガジンの表紙になる。

●第1章　映像の世界

　昭和35年頃の外国から見た忍者観は写真のように紋付袴、それもキンキラキンの袴スタイルの奇妙なものであった。
　ナナ通信が取材して『大商船』という雑誌に紹介されたものである。

女性の着物をきせた藁人形に棒手裏剣を投げる筆者。

紋付袴で木遁の術を使う。

昭和36年11月3日
皇太子殿下に忍法武芸について御進講申し上げる。

（中央）皇太子殿下

筆　者

●第1章　映像の世界

昭和37年3月11日、NHKで忍術の話を放映。

昭和36年3月18日、二火会の講演で。左は早川雪舟氏。

市川雷蔵氏と。左は現在参議院議員の高橋アナ。

映画『忍びの者』の舞台稽古。村山知義先生、山本薩夫監督、筆者。

百地三太夫を演じた伊藤雄之介さん。

『隠密剣士』大瀬康一さん。

◉第1章　映像の世界

昭和45年9月15日
三島由紀夫さん

日本外国特派員協会にて
グロースター公も列席される。
演武と講演。

007の一行
演技指導依頼に拙宅をたずねる。

一方、私は猫の世界でも——

（右から）世界猫クラブ副会長をつとめる筆者、会長の白根松介先生、アメリカネコクラブ審査員。

（右から）ハワイの王様リチャード・ライマン・ジュニア、審査員、白根先生御夫妻、筆者

（右から）審査員妻鞠子、理事長チャリスＳテリーさん。宮本武蔵、小野田少尉を翻訳、アメリカでベストセラーを生む。

●第１章　映像の世界

『春夏秋冬』より　（昭和38年12月11日放映）

（右より）サトーハチローさん、徳川夢声さん、奥野信太郎さん、渡辺紳一郎さん、近藤日出造さん、著者

『柳生一族の陰謀』より

千葉真一さん

「くの一幻愁歌」

創作邦舞にも夫婦共演する。
くの一・妻鞠子、忍者の頭・
筆者。

武芸考証をした東京芸術座の名場面より。

上・忍びの者、右上・赤ひげ
右下・野望の系譜壬申の乱

◉第1章　映像の世界

　私達の演武も58年の正月、警視庁本庁の武道始式に出演というような武道の潮流の一つ変化が、深海の中にめざめ始めた。一方ではアメリカ大使館の建国記念日の演武等、石畳の上をころころと転げ廻る我々の演武に、お祭騒ぎの好きなヤンキーも声をひそめて見入り、われに返ったときやってきた感激から、大きな拍手で答礼してくれた。その音が、今でも耳の底からわきでてくるようである。そしてマンスフィールド大使より感謝状をいただく光栄に、一同感激をあらたにし、世界への第一歩を踏み始めたのである。

アメリカ大使館における独立記念日を祝う演武に，マンスフィールド大使より贈られた礼状

4月から始まる『影の軍団』を前に、東映撮影所へと新幹線が走る。
　プロデューサーの松平さんや千葉さんと語る。
「僕はね、この『影の軍団』を媒体として世界のマーシャルアーチストが満足してくれるものを作っていただきたいですね。それに、何故、時代劇が伸び悩んでいるかということも考えないといけないと思います。それはある意味では、歌舞伎の伝統芸の中にある型の伝承という所からも、影響を知らず知らず受けているんじゃあないかと思います。型の値段がいくらということですね。そしてその型感覚が、映画界へ。阪妻さんがこうやった、嵐寛さんがというように型で時代劇を作っていく。時代劇はアクションでしょう。型でなくて流れがなくちゃ。型でとまっちゃうといけませんね。師弟感覚もある意味ではストップアクションを維持してしまうことにもなりかねない、というより、なっちゃうんですね」
　そう言いつつ、体術をはじめとする武器の使い方、それに一番必要な流動する映像についての体の語りで、牧口監督、千葉さん、殺陣師の菅原さん共々、ジャックの打ち込みに対し答えていく。
「僕の動きは、アメリカではワンアクション、1万ドルの値がついたのだから、服部半蔵を演じる千葉さんが私の1万ドルの動きに忍び込んで、どれだけ盗んでくださるか、僕も楽しみなのです」と、無刀捕り、二人捕りと、体で語り続けていく。そしてこの体術の映像が世界に流れることを願ったのである。

　　　『影の軍団』武芸考証より

① まず体術を知る前に、無刀捕り真剣型から入っていかないといけません。

●第1章　映像の世界

②

③

無刀捕りからの変化。肘逆に体変する。さあ刀を手で捕るばかりでなく私の右足にジャック君の右足がついちゃってるでしょう。

さあ刀身を逆捕りに変化していくこともあります。

④

刀でジャック君の体をとりつつ沈倒しにいく。

⑤

私が歩く体が、バランスを失なわさせてしまうでしょう。

⑥

⑦

隼足って技ですけど、一刀突きに
対し無刀から喉を捕る膝でジャッ
ク君の体を振ってるでしょう。

一刀突きを体変。
右手で鍔をこうとるのです。

⑧
⑥から後方へ倒すか、

⑨
⑥から前方へ倒すか気のままの流
れですね。これは殺陣のストーリ
ーにも通ずるわけです。

●第Ⅰ章　映像の世界

⑩
⑦から刀返しにいきつつ、一時当てに裏返しにするか、

⑪
体の踊りでジャック君をこういうふうに踊らせてゆったりと映像を作る。

⑫
体変して自由に拳当てもできるし、どの方向にでも相手を踊らせることもできる。

⑬ 前倒しをドラマにして捕る語りの体を入れる。一つ一つの語り体を。

長物も無刀型と同じです。槍でもナギナタでもけっこう。自由に斬るなり突くなりしてください。入り込んでこう捕るでしょう。

棒を返すと自由に前倒し。ここで力の入れっこの技では駄目ですね。力をぬき、技の流れを発見することです。

●第Ⅰ章　映像の世界

⑯

後ろ倒し。自然に映像になっていくでしょう。

⑰

入身してこう捕る。両手を捕って踊り潜りの体変ですね。

⑱

棒を支点としたり体を支点に変化させてゆくと、その流れにのまれていく。

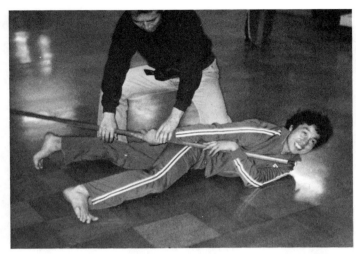

⑲ 体がそば打ちのように棒をのし棒として相手をのばすとは、このことですよ。

⑳ 流れと入身がポイントなんですね。

㉑ 見得を切る、というかキマッちゃってストップする歌舞伎型。ホームの美。これはコマ落としみたいなものです。

●第1章　映像の世界

㉒
拳を当てるにしても相手の急所に当てておいて、体に当てる拳であててないことですね。

㉓
相手が打ち込んでくると左右に体でわけるということが大事です。手の力はぬくことです。当てておき体で、

㉔
ほら、ちょっとした動きでも相手の体は空間で迷わされる。気流に変化させるオールポイントです。自分をゼロにして動かないと、これはできませんよ。

『影の軍団』の成功を祈って東映稲荷前にて

㉕ 左右から一緒に斬りこんできても同じことです。相手はまず一人、と思うことですね。

（右から）北大路欣也さん、市川右太衛門さん（『徳川風雲録』より）

（右から）筆者、千葉真一さん、真田広之さん、美保純さん、池上季実子さん

● 第 I 章　映像の世界

　放映された『影の軍団』は視聴率が高まり、ワンクール続映となった。テレビ東京の神山安平プロデューサーが、一人で汗を流しながら野田までやって来てくださった。『それからの武蔵』とか『風雲柳生武芸帳』等、12時間超ワイドドラマを手がけた、その人である。
「初見先生、6日の日に『徳川風雲録』の記者会見があるんですが、出席していただけないでしょうか？」
という話から始まり、映画界の昔話、そして現代の殺陣論と暑談水を得た語り。
「神山さん‼　一人で遠方から来てくださる方はこわいですよ。大物ほど一人でいらっしゃいますからね」
と結び、会見の出席を約す。
　記者会見にはテレビ東京の社長・中川順氏、劇中で水戸中納言光圀を演じる市川右太衛門さん、徳川吉宗、柳生新六郎、二役の北大路欣也さん、徳川家宣役の林与一さん、助八役の桜木健一さん等が出席した。武芸考証から見た東映剣友会の俳優さんの殺陣に音を流すつもりで、私の活弁もどきの説明、そして、終わりの挨拶。
「このドラマは日本的に申し上げますと、つい最近までは、昭和元禄なんていわれる時代がありましたが、今は何か吉宗公の時代のような流れに来ているのではないかと思います。享保の改革の世直しの名君願望と、名さばきの大岡越前守のような話しのわかるピクマオリズム像。世界的に見れば、アメリカでは、最近では『将軍』が大ヒットしている。そして今は忍者ブームで、最近ニューヨークから来た弟子から「先生はジョン・ウェインより有名ですよ」と言われたのには、ボブ・ホープを自認する私の腰にも、二挺拳銃がぶら下げられる思いがしました。ようするに、この正月特別ワイド番組『徳川風雲録』は、世界の人々に必ずうける超ワイドドラマ、ということになるのです」
　何故、私が文字や映像の中に飛びこんだか、というと、武道にしても忍術にしても、各国のアクション映画にしても、視聴者に対して大きな影響を与えているからである。しょせん、映画、演劇、ＴＶ、舞踊の表現等は"見せる映像"である。これらが重要視されるのに反して、武芸の実戦映像は無像に等しいものである。そこで、せめて"見せる映像"と"実戦映像"と五分五分の映像にもっていきたいからである。ここに武芸考証という学問が必要になってくる。
　私が、世界、世界、と再三言っているのは、まだまだ日本の武道観を非常に違う眼で見ている異国の人が多すぎるからでもある。そこで、近藤宗作さん（映画監督）と、まず手始めに、忍者の体術と武芸を3台のカメラで撮り上げた。ワン

シーンだけは、こうやって、こうやって、こうだ、という型的体術のシーンを撮ったが、あとはリハーサルなしの本番で、即、撮っていただいた。何故、本番ばかりで撮ったか、というと、約束型で撮ったのでは、実戦的な本当の動きではなくなるからである。嘘の映像になってしまうからである。
「さすが近藤さん、急所を押さえてくれましたね!!」
「いや、でもね、先生の映像は何ということもなく、相手と遊んでるみたいで、迫力にとぼしいんだな」
「それでいいんですよ。迫力とかパワーなんてものをあまり見せないのが武芸なんです。例えば、意識を出すということはね、動物が牙をむき出したり、爪を出すようなもんなんですよ。武芸ってものの極意も、やはり単純なんですよ。フルト・ベングラーが、芸術とは単純なもの、というごとくね。また、禅でいう悟りは、脚下にあり、というようなシンプルなものなんですね。しかし、このビデオを何回もコマ落としやスローで見ていくと、その真髄がわかると思うんだな。武禅一如って言うならば、悟りは脚下、ということで、武芸も足の動き、運びが大事なんです。そこで、足を第一として見てもらうために動いてみたわけです」

こんな所からも、武芸の本当の動きと、映画やお芝居、舞踊で見る映像の違いがおわかりのことと思う。そこで、私は次々と、武芸の映像を、3台のカメラ、5台のカメラを一度に回して撮る。「体術」「半棒」「男の為の護身術」「女の為の護身術」等を、世界の人々に見てもらうため、製作を続けてゆくつもりである。

《左2枚》テレビ東京の12時間超ワイドドラマ『徳川風雲録』より。武芸考証中。林与一さん(上)、桜木健一さん(下)《上》ロンドンの日本祭りで浩宮様に私の弟子ピーター・キング君(イギリス警官)が忍術を披露してお言葉を賜わり、感激の写真を私に送ってきた。

●第2章
アメリカのマーシャルアーツ

1 出　　発

出発　そしてニューヨークへ

「アメリカへ行ってみたら*!!*」という、何ということのない女房との会話から機上の人となっしまったのである。それまでの私は、武道と接骨業のこと以外はなにも知らない、金銭的な計算も知らない、上京する折の切符を買うのも女房まかせ、買い物から税金の申告も女房まかせということで、女房の発行する軍票で生活してきたような"夫愚者"であったようである。しかし心の中では、郵便局のおじさんが持つような大きな鞄にお金を入れて無駄使いをする夢を見ていた。「そうだね、アメリカへ行ってみるよ*!!*」とあっさりと返事をしたのである。
「本当ですか？」
　一瞬、女房は困ったことになったな、という表情を浮かべたのである。
「あなたには一人ではいけませんよ*!!*」
「いや、行く*!!*」
　残る青瞬（せいしゅん）に、ぼけ花が咲いたと言われてもよし、心の中で青い空に咲く美しいぼけの花の映像と、我が身を、描いてしまっていたのである。
　不思議なことに女房は一豊の妻よろしく外遊の手続きを始めたのである。
　ビザをとりに一緒に出向いた折、
「ちょうどいいわ、私もビザをとっておきましょう」
と自分もビザをとる。私がもしアメリカで事故にでもあったらという思案もあってのことであろう。ドル替え、紋付、薬の用意と、あわただしく女房が動き廻っている。しかし私はそんなことには無頓着で、一期一会の仕事に没入していた。戸隠流忍法体術の原稿執筆と校正の仕事だ。何とか終えたい。数時間の睡眠の幾日かが続いた。8月8日、渡米2日前脱稿。新人物往来社に手渡す。
　その夜、弟子一同より、「宗家渡米壮行会をいたします」というお呼びがあり出席する。渡米経験のある弟子達は、この宗家、大丈夫かな、と不安な眼差しを送ってくれる。ありがたいことである。
　そこで、私の渡米目的を語った。

●第2章　アメリカのマーシャルアーツ

「今回の渡米には三つの目的があります。
　一つは、高松先生が他界される1年前、"武道のことは初見はんにまかすことができましたな。わても、先生方の恩にむくいることができましたがな"とニコニコと話されたお顔が今でも昨日のように眼に浮かびますが、その時、"これからわては宗教の研究ができます"と言われました。今考えると、御仏になられるということでした。涙の思い出の9年も過ぎた今日、師が言われた"初見はんほどできる者はおまへんで"の言葉が、"私みたいな者が本当だろうか"、という疑問に解答を出してみたかったのです。アメリカ合衆国にはいろいろな人種がおり、いろいろな格闘技の名人もいると思います。そこで私の価値観を自覚しに行ってこようと思いたったのです。
　次に第一の目的地、ニューヨークのアスファルトジャングルに住む格闘技の猛者達は、人間的であるか獣的であるか、もし獣だったら、彼らを集めて、相撲の稽古ではないけれど私の金太郎的フィーリングがどの程度彼等に通じるか、プレイできるか、やってみたいものである、と思ったのです。
　第三には、高松先生の武徳威光をおしたいして、合衆国の星条旗の星48個の時代も過ぎた今日、四国48ケ所の巡礼の旅にちなんで行ってこようと思います」
　すると「先生、英語をよく話せないようですけどだいじょうぶでしょうか？」と心配してくれる弟子もいる。
「平気だよ。ウォッチャアネームって言うと、ヨワッチャウネって言うタコ社長のコマーシャルで行ってくるよ」と笑わせたが、何といっても、体の身振りは世界中で通じるものと確信していたのである。そして、兼高かおるさんが言われた、"英語って世界ではほんの一部の国にしか通用しない"という話しや、"国がなかったために15、6か国も話せなくては生きていけなかった"というイスラエルの国民のことに思いをはせた。
　その夜、一度も私と枕をともにしたことのないチンチラのシーチャン（愛猫）が私と寝てくれる。高松先生が"猫はよう何でも知りよるで"と言われたこと思い出しながら、眠りについた。
　ファーストクラスルームについて機上の人となる。かわいらしいスチュワーデスが語りかけてくれる。娘のない私にふと父性愛がめざめる。コーヒーの香りを楽しむ。ギャルソンがワインを片手に雲上歩きで近づいてくる。「いかがですか」と、シャトーと書かれたワインラベルを見せながらグラスにそそいでいく。忍びが飲んでいるとは誰も気づいていない。フランソワープルミエ風のヒラメの厚切

りを口にする。グーである。
「まもなくアッツ島上空を通過いたします！」というアナウンスに、私は戦争中の一少年に返っていた。母の弟が日大の工科を卒業して陸軍省の軍属となり、アッツ島に要塞を築きにいく日、上野駅の階段を軍刀を帯びて何度も家族や母や私をふり返りながら敬礼していく叔父の淋しい勇姿が、影のように思い出される。そして「俺は、この日本刀で従容として腹を切るんだ」と、私や何にもわからぬだろうと思われる叔父の幼子に語った。宴席での姿も、あたかもオムニバス映画のように記憶によみがえってくる。『大きな鷲が飛んできて豆を撒いていく』という手紙がとどいたのは、それから何日もたっていなかったように記憶する。鷲が爆撃機だということは、玉砕の報によって知らされた。"武夫叔父さん、雲の上から逢えるなんて奇遇ですね"と語りながら、アメリカに行く自分の国籍はどこなんだろう、と不思議な気持になる。

アンカレッジで機外に出る。いやに寒い電燈の色である。無刻。再び機上の人となる。若鶏のソテーとサフランソース、グリンピースのスープ、一睡の夢が続く。昔読んだ本の記述が次々と映像になって現われてくる。

国難——モンゴルが日本に攻めてくる。一人の武将が戦闘開始の合図をするために一騎前進、鏑矢を天に放つ。モンゴル軍は『もはや日本軍は混乱状態に陥り臆しているな』と大笑いする。モンゴル軍にとっては、鏑矢のような音の出る矢を放つということは、味方が混戦状態に陥った際、お互の合図として用いられる矢だからである。『やあやあ、とおからんものは音にも聞け』"その音がアカンのや"とばかり、一騎打ちを申し出る武将を何なく集団で殺していく。モンゴル軍によるゲームに似た戦闘のシーン。

次いでワルシュタットの戦いのシーンが現われてくる。中世ヨーロッパの騎士のルールにのっとって、騎士は騎士としか戦わないのがプライドだ。下っぱは下っぱとしか戦わない。そこへモンゴル軍が総攻撃を加えて崩れ込んでくる。モンゴル軍には騎士も下っぱもない。モンゴル戦士には勝利より他はない。戦いにルールはない、とばかりに。国王のハインリッヒ２世が倒れる。貴族の騎士が次々とモンゴル軍の兵に倒されていく。遊牧民のモンゴル人が語る。——『遊牧生活ができるのは、強い身体と強い心を持つ者だけだ。俺たちは自由なんだよ‼ 腰抜けどもだけが土地にしがみついて畠を高くしてるんだよ。土地にしばられてな‼』

戦いにモンゴル軍が勝った。そして平和がやってくる。しかし、遊牧民が生きるためには１平方キロに10人しか生きられない、という計算違いがあった。農業

●第2章　アメリカのマーシャルアーツ

国は一平方キロで100人、つまり牧草的遊牧民の生産力1に対して、農民は10の生産力がある。平和を好む大地は遊牧民を滅し去っていく。

　千早城の一戦が始まっている。楠木正成の兵法に賊軍がたじたじである。彼の兵法は創作である。兵法では、草作は早策として、ゲリラ戦に有効打を発揮する。幕軍（縛軍）は、源平合戦以来の固定観念にしばられた兵法で、動きがとれず敗走していく。（忍者を草という。南公は忍び使いの名手である。）

　天草の乱の映像が写ってくる。パスカルが独白する。『人間は宗教的信念に基づく時程、歓喜して徹底して悪を行なうことはない』と。明治の兵学は素晴らしく2000冊を越える著書が著わされた。日露戦争で大勝する。提燈行列が行く。

　そして陸海軍の幹部は凝縮された典範類の丸暗記、100点満点感覚を優先させ、無限なる兵法観を衰退させていく。現代の教育も間違った100点満点指向の価値感に同意しているようである。人間が生きられるための100点でなくて、コンピュータ的100点感覚には、時代遅れというより人間性遅れではないか、という嘆息がモヤモヤと寒い暗空に流れていく。

　同じく日本武道も、型、戒にはめすぎた"100点満点"が世界を歩いている。農耕民族ばかりでなく、世界には遊牧民もいれば狩猟民族もいるのに。

　日本では、農民の中から武士が発生したともいわれている。狩猟民族のマーシャルアーチストが、農耕民族のマーシャルアーチストにアタックしてくる。日本の戦国時代の火力が、平和な江戸時代の300年が、武風をアレンジした。明治の文化が、大正の文化がアレンジした。武実の火力を弱めるばかりでなく、火種さえも捨て去ろうとしている。そして明かりを消した火が、電子レンジにともされた。

　見えない火、それは忍びの火だ。忍びの火を求めるマーシャルアーチストが暗黒のアメリカで暴れうごめいている。眼に見える忍びの火を求めて、忍火を持った私がその人混みの中を駆け抜けようとしている。しかし、忍びの火に気づく者は、遠くロッキー山脈の彼方にしかいない。

　インディアン・ラブコールの唄が流れてくる。心地よい機上の一睡の夢が吹っ飛んだ。ケネディ空港に羽根をつぼめた。006便からおりたった。異国の光景は、私にとって珍しくなく、すでに過ぎた日々の思い出のように写った。なぜだろう。そうだ、学生時代、演出家をめざしていた私が何回も何回も見たアメリカ映画の一場面が、そこによみがえっていたからである。

「よくいらっしゃいました*!!*」

　大谷先生の笑顔がクローズアップされて迎えてくれる。

31

「初見先生、アメリカの武道愛好家には先輩も後輩もありません。兄弟関係はもちろん、同門意識なんてものもありません。武道というものは、非常に低い人間がやるものだと見ている者も多くおります。アメリカは商人国家です。武士の国家ではありません。武道家というと、商売にもさしつかえることがありますので、初見先生をドクター初見と紹介することにいたします」

車中で、まずニューヨークでのマナーを教えてくださる。

日本では武道家というと、一般的には、紳士のたしなみという常識が、アメリカではロークラスの人間がやるという。ヨーロッパ流の考え、ギリシャ奴隷の尾を引いているのであろうか、スラム街から腕一本でのしあがるボクサーのエピソードがそうさせるのだろうか、物質文明から生まれたガン優先のカーストからなのだろうか、文化国家だからなのだろうか。

ふと元文化庁長官、今日出海さんの「文化人ほど、偽善者でいやらしい者はない!!」という一言がよぎる。車の警笛でふとわれにかえると、ニューヨークの大通りの信号の赤ランプが目に入った。そして私の心中を真っ赤に染めているのに気づいた。同時に、武道研究家である綿谷先生との手紙のやりとりの一節がよみがえってきたのである。

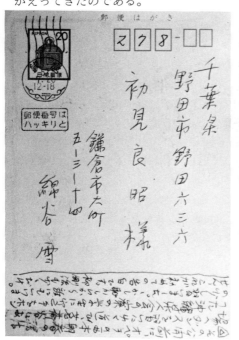

●第2章　アメリカのマーシャルアーツ

2 ニューヨークの アスファルト・ジャングルで

アメリカのブックショップに見る日本武道

大谷先生のこと

8月12日（木）

　大谷先生は、ニューヨークの市街をわが庭のように突っ走り、歩く、実にバイタリティのある先生である。中国料理店に案内されて御馳走になる。フォチュンクッキーという瓦センベイを二つ折りにし、しわなし餃子のような形のクッキーが出される。
「先生、これを割ってみてください」と大谷先生が言われるので割ってみると、紙片が出てきた。「何ですか」と言うと「おみくじですよ‼」とおっしゃる。「"貴方の事業は増々成功する。随分永い間待ちましたが、あなたの願いはかなえられる"。大吉ですね‼」と読みながら言うと、大谷先生は、
「そうですか。きっとよいことがありますよ」
「そうですね」
「そうですよ」
　何か、小津安次郎監督が使うセリフのリズムを感じさせられて、共に笑いが出たのである。大谷先生も私も、小津映画の熱烈なファンであることもあって、東京の丸の内に座して語っているような気持になる。
　大谷先生の奥様が丸の内に勤めておられたことがあったとあとで聞いてわかったのだが、お二人は小津映画の主人公たちのような恋愛をなさって結ばれたのであろう、など、私なりの演出癖から想像されてくるのであった。
「アメリカの産業界は不景気で、女性で働く人が多くなりました。アメリカの女性は男性と同じように仕事はびっちりとこなします。25年前のニューヨークには、日本人は非常に少なかったですね‼」
　苦を乗り越えられた一線が筋金となって、大谷先生の顔面に描かれている。

国連前にて。

ハドソン河よりマンハッタンを眺める。

●第2章　アメリカのマーシャルアーツ

「今では御覧のように日本人が多いでしょう。ニューヨークも日本語だけでも通じるような所になりました」

大谷先生の道場の一つ、YMCAに案内される。そこには居合大神と嘉納治五郎先生の写真がかざられている。道行く大谷先生の姿にニューヨーカーが次々と声をかけてくる。先生の人徳がそうさせるのであろう。道場で体ならしの稽古をする。

ダイアモンドストリートにて

大谷先生の義弟のお店があるというのでうかがう。弟さんは東葛高校の出身だという。じゃあ、僕の後輩だね、というと、大谷先生の奥様も東葛高校の出身だとおっしゃる。何と奥様は僕の一年後輩の優等生だったのには二度ビックリのニューヨークの第一日目であった。

夜、明大の後輩で、日本拳法の第一人者だった築山さんのお店に招待される。彼はニューヨークで二つの

（中）築山氏拳法十段
（左）大谷先生示現流名人

店をかまえる一方、他にも事業を手がける実業家である。

「これだけ繁昌していますが、ニューヨークではリズムが半年狂うと駄目になります」と断言されたのが印象的であった。

ホテルへの帰路、私の弟子であったテリー・ダブスン君の道場の前を通ったので立ち寄る。しかし、休館で燈が消えていた。彼が2、3年前、私の所へ見えた時、

「先生、私は先生のお教えで命が助かったことがあります。ダウンタウンを夜遅く歩いている時、ピストルを持った2人にあとをつけられたのです。その時、丸腰の私はポケットにある鍵でカチッと、音をさせました。擬音です。彼等は私がピストルを持っていると思って消えました。忍術は大事です」と語ったことを、

思い出す。
　一人寝のベッドに横になったとき、疲れが出たのか心臓が引きつり始めた。芭蕉の"夢は枯野をかけめぐる"の句がむしょうに脳裏をかけめぐるのであった。

ニューヨークの道場にて、
大谷先生と共に。

大谷先生を囲んで。

飛鳥投げ

二人捕り。

● 第2章　アメリカのマーシャルアーツ

8月13日（金）
　ロックフェラーセンターやセントパトリック寺院、五番街、そしてロータリー本部を案内していただく。昼食は桜田淳子さんも来たというお店でとる。
　電通局長のコオリヤマさんに事前連絡することなくうかがった。大谷先生は、多忙なコオリヤマさんにはこれでよいという。ルームに入る。大谷さんがにこやかに「やあ*!!*」と声をかけると「よう」と返事が返ってくる。コオリヤマさんは浅黒くヒゲを生やしている。長身な体躯からしなやかな知性とパワーを感じさせる。白と黒の映像の話しが、何となく、コオリヤマさんと私の間に始まる。フランク・マツラを思い浮かべたり、レニの話し、墨の五色の話等を私が話している時、急に彼は立ち上がり、電話をした。
「初見さん、今晩、写真を撮ってくれるそうですよ*!!*」
と彼が言う。「ええ*!!*」と私が言うと、大谷さんが、
「アメリカ一のカメラマンですよ。彼に1枚撮ってもらうと1万ドルですよ。よかったですね*!!*」
　写真1枚が250万円だという。アメリカの大きさをこんな所で感じさせられたのである。コオリヤマさんに夜の再会を約して、イスラエル人でもっているというダイアモンドストリートを行く。
　リンカントンネルを行くと車の渋滞が続く。大谷先生が「車の渋滞はここニューヨークから始まったんですよ*!!*」とガイドしてくださる。ワシントンブリッジを眺める。アメリカでは日本のような疲労回復薬ドリンクは売っていないという。アメリカ人は、そんなものはしょせんウスメてもうける商品にすぎないと思っているという。そんなものを飲むんだったら、ビタミンAならA、EならE、CならCの方が効果的だという。
　車が交差点前で止まった時、スプレーを持った、腕にコブラの刺青をした大男が車のそばにやってくる。車のフロントウインドーにそれを吹きかけようとする。大谷先生が「ノウ」と大声でどなる。その気迫にその男はよたよたと後ずさりをする。アル中なのだろう。スプレーをかけ窓をふいて、ラシャリテー（乞食が言う"お恵みを"の意の言葉）ならずともお恵みをとるのである。車中の人間がおのぼりさんとか、気の弱そうな者と見ると、金をたかるのだそうである。大谷先生は「ああいう奴を見ると、腹が立ちます。はりたおしたくなります」と言いながら、車を走らす。
　夜、撮影のため、ハシスタジオに行く。お土産の甚平を、ハシさんとコオリヤマさんにお渡しする。撮影が始まる。私は動く。シャッターの音と光の変化がリ

37

ズムとなって、私は舞ったり踊ったりする。大谷さんが"グー"のサインを右手で送ってくださる。

撮影を終えてチャイナタウンでの夕食に向かう。青島ビールを飲む。中国ではこの小ビンのビールが年間2本の配給だという。

食後、大谷先生と夜の散歩をする。アベックが抱き合っている。黒人売春婦が呼びかけてくる。ニューヨークではお金は5ドルだけ持っていろと言われた。悪漢が出たら5ドル出して逃げなさいというのだ。5ドルが人間の命なのだ。ニューヨークのスラム街を歩く。示現流師範の大谷先生はいつもメガネサックに護身用のナイフをしこんで持っている。そして言う。
「狂人が刃物を持つと人を殺す。しかし私が持てば、人を助けることができる。いずれにしてもこれを使わないでいたいものです」

その夜、私はTシャツとGパン姿で単身ホテルを抜け出した。道路にころがって衣服と体を汚す。道に迷わぬよう曲り角に暗号を付す。数刻たってビンを片手に酔った大男がやってくる。私もちどり足に変身。変身酔っぱらいと酔った大男が酔眼で泳ぐ。

「ハーイ‼」と手をあげると

「飲め‼」とビンを差し出す。

それを飲む。行きかう人も「ハーイ‼」と"日々旅にして"の章が終わる。同じ意識の人間の姿に変装すると同族意識でもおきてくるのか、変装術の効果の一幕である。ニューヨークの赤ちょうちんはケアフル信号なのである。

8月14日（土）

朝10時より築山さんを始めとしてセミナーに入る。昼、大谷先生の見事な居合抜きの演武を見せていただく。午後6時にセミナー終了。中華街にて一同と晩餐。彼等は言う。

今日のセミナーは生涯で最高であると。ニューヨークの虎君達が感激して話しかけてくる。大谷先生も築山さんも、初見先生の武道は今までになく、不思議で素晴らしいと言ってくださる。

ニューヨークはある意味で合理的アメリカの代表といってもよい都市である。故に、努力しない人間は、即駄目になるという。実力を生かせる都市であるのだ。貧富の差、金と名誉もクッキリとした線で区分されているのがニューヨークだ。

●第2章　アメリカのマーシャルアーツ

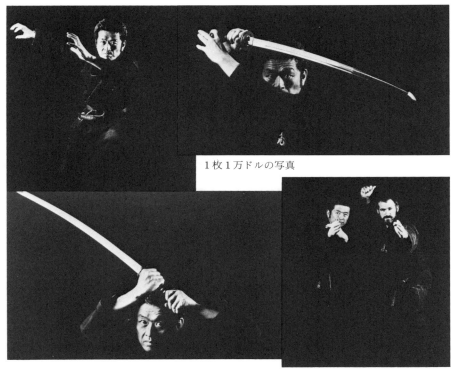

1枚1万ドルの写真

8月15日（日）
　アメリカでは名刺はビジネスの時にだけにしか使わないという。光力のない螢光燈は使わない。まやかしの光だからであろう。日本ではやたらに名刺のやりとりをする。彼等は名を大事にする武士の名残りなのかもしれない。
　今日の道場はエリザベス・ストリートの一画にある。入口は鉄の二重ドア。ブザーを押すと、誰かと問う。返事がないと戸が開かないのだ。ドアが開く。階段を昇る。横手にあるもう一つのドア越しの小窓から誰かを確かめて、ドアは開かれる。"そうそう、今日は日本の終戦記念日だったなあ"と、アメリカにいる自分の光陰を感じつつティーチを続ける。
　彼等は"こんな素晴らしい武道に合ったことはありません。素晴らしい。スピーチレス（言葉に絶する）。言葉では言い表わせません"と感激する。"初見先生は私の眼を開けてくださいました"と言う。ドアーを閉めて帰る。ドアーが何かニューヨークの危険を知らせているような気がする。オープン・セサミ。

8月16日　（月）

　ニューヨークの電話帳をめくる。道場が90あるらしい。五番街の駐車場は？分で10ドルだという。飯代より駐車代の方が高くつくのである。大谷先生が「うまいレーメンがあるから、初見先生、食べましょう‼」と高い駐車料金を払いながら案内してくださる。こんな時、私の早食い早糞の特意技が生かされるチャンスである。

　セミナーが続く。トンファーで攻撃してくる。それを軽く捕って、それ以上に彼等に使ってみせる。プレイ、プレイ。私は金太郎になって彼等と武芸を楽しむ。ニューヨーク風空手、カンフー、柔術、拳法、合気術でアタックしてくる。私は、彼等に、ボディで答えていく。プレイボーイでなく、プレイボディである。"先生は何にでも勝てる不思議な武道家だ"。「ユーアーマジシャン」の声がかかる。築山さんも「初見先生の動きにはとうていついていけません。この武道を生涯稽古したいな」とも言ってくださる。

　ウォール街を車で走る。アメリカは合衆国である。色々な人種が住んでいる。テッコン道、柔道、ホップキドウ、合気道、タイカン道、ハラン道、カンコク忍術ＥＴＣ、マーシャルアーツ。そのため武道市場にもなりやすい。

　警察官よりＦＢＩより、民間ベースの方が強いという。アメリカでは犯罪者の人権はあるが、市民の人権はないともいう。"労力を必要とする格闘技は大変なこっちゃ"とばかり、訓練なんかしなくても自分を守る法を優先する人が多いらしい。

　会社の社長でもありニューヨークのロータリーの理事である多忙な大谷先生が、私のためにそれ等の仕事を休んで先導してくださる。素晴らしい同邦愛と愛国心の深さを見せてくださる。過ぎし日、大谷先生が私に語った言葉を思い出す。"日本は太平洋に浮かぶ小船にすぎません"と。ニューヨークにたたずみ日本を見ると、私にも日本がなにか太平洋の塩水に浮かぶ列島に見えてくる。大谷先生が弟子の求めに応じて書かれたサインを思い出す。『日本のために生きよう。祖国のために死のう』という一文を。

　後日、ニューヨークでの私の武遊伝を、大谷先生の見たままのところを一筆お願いしたところ『初見先生イン・ニューヨーク』と題し玉稿をいただいた。それを紹介しよう。

「1982年8月21日、この日は後世最も重要な日として、歴史家に伝えられるだろう。この8月こそ、日本の忍法が初めてアメリカに紹介された日だからである。初見先生が来られる‼　というニュースで、ニューヨークの近隣の州から、数百

● 第2章　アメリカのマーシャルアーツ

キロを物ともせず、多くの武道家が集まってきた。

　コネチカット州から来たジェームスはペプシコーラの人事部長で、柔道家。6尺豊かな大男180キロもある偉丈夫だが、さすがは大会社の重役、教養の豊かさがうかがえる人物だ。同じくコネチカット州より来たダンは映画俳優のスティーブ・マックイーンのような好紳士。合気道5段のファイターで、その筋肉質の肉体は静かだが精気が満ちあふれている。ニュージャージーから来たジョーとリンダ夫妻はどちらも高校教師。一人娘を連れてセミナーに参加。夫婦が空手、柔道、剣道を習っている根っからの武道好きのカップルである。ニューヨークから小生の道場の猛者30名、いずれも武道10年以上の専門家ばかり。それにニューヨークから日本拳法の築山　治先生（明大出身）。このニューヨークに精肉配給会社とレストラン3軒を経営する成功者で、大学時代、日本拳法の日本チャンピオン、今も武道の後進を育てるのに熱心なスポーツマンでもある。その築山氏の弟子の空手の高橋先生やその弟子等、多くの青年男女が初見先生の出現を今や遅しと待ちかまえていた。

　忍術なるもの（初見先生の言われる忍術の本質的なものでない）がアメリカに紹介されるようになって、はや十数年になる。しかしそれは活字の上のことだけで、日本に来て、初見先生の武神館道場で学んだ外人は別として、誰一人、真の忍術に接した者はいない。文字で書かれた忍法の紹介も単なる興味本位の記述が多く、真の忍法、初見先生の説かれるものとは、ほど遠い代物である。そのアメリカに真の忍術の伝承者が単身来たということは、全く画期的なことなのである。忍法フィーバー、初見フィーバーのたかまる中に、初見先生は悠然として勇姿をこのニューヨークに現わした。

　数年ぶりにお会いする初見先生は、はじめて会った20年前と少しも変わらないが、内的な成長と、古来中国でいう九流の術士としての奥行きが、自然とにじみ出ている。日本でも昔から「男子三日相まみえずんば、刮目として待つべし」（君が男なら、友達と3日間会わなかったら、彼がどれ位成長しているか、目を見張るべきだ）という言葉がある。小生も武道の末流を四十数年歩いてきた者だが、初見先生の武道家としての大飛躍には驚嘆した。何も言わずに立っておられるだけで、その量感の大きさには素直に頭が下った。師表として仰ぐに足る人物と、尊敬の念が自然と湧き上る。初見先生の弟子で、オハイオ州に住むスチーブ・ヘイズ君もニューヨークに馳せ参じた。

　ルーズベルトホテルから、直接、中華街の近くにあるセミナー会場へと直行。若い武道家達の歓迎を受けながら、初見先生の入場。神前に礼拝してすぐに初見

先生がヘイズ君を相手に演武をされる。その流れるようなテクニック、柔らかな身のこなし、武道の世界で通常不可能とされている技が次々と披露されるが、一同はまるで狐につままれたような表情で、言う言葉もなくぽかんとしている。
　いずれ揃いも揃って武道修業十数年の猛者達がである。まるで今までの柔道、空手、合気道等とは勝手が違うのだ。中国の功夫（カンフー）とも違う。
　先ずニューヨーク居合会の師範代のフィリップ・オーティス氏が立ち上って、初見先生の前に立つ。フィリップは空手6段、剣道、居合道5段の強者だが、アッという間に初見先生に腕をねじ上げられて、床板の上に押さえ込まれている。見ている人達も、フィリップも、どうしてそんなことになったのか皆目解らないのだ。この次、空手の高橋先生とその弟子達が初見先生をとりまく。これも一瞬のうちに全員が折り重なって床板の上に倒れる。これがみんなアッと言う間の出来事で、一体みんなどうしてこんなことになったのか解らないという顔で起き上ってくる。不思議だ、不思議だ‼　アイ・ドン・アンダースタンド‼　解らない、解らないの連発である。
　それから、初見先生のヘイズ君を相手にしての技の解説である。適当なユーモアを交えながら、一つ一つの術を解説してゆく。初見先生の日本語と英語がチャンポンになってポンポンと口から飛びだす。しかし技と共に見せるから、皆によく解る。笑い声と驚嘆のまなざし、思わず皆の口からワンダフル、ワンダフルという声があがる。ワンダフルという英語は普通は"素晴らしい"ということだが、語源からゆけば"不思議なことで一杯だ"から転じて"素晴らしい"という言葉になったのだが、この時の一同の心の中は、不思議さと素晴らしさの二重奏である。
　猛暑の中、4時間のセミナーの時間はまたたくうちに終わり、夜はチャイナタウンで一流の黄氏のレストランで歓迎会。黄氏の子息も柔道家で大歓迎。かくして4日間のセミナーは終わり、ニューヨーク最後の夜は築山治先生のレストランにて、初見先生に感謝のパーティー、夜中の2時頃までアメリカの青年達の初見先生への感謝と青春の讃歌が流れてゆく——。
　この初めてのニューヨークのセミナーは、今日までも若い武道家の中に語り継がれ、まだ2年余りしか経たないのに、初見伝説が巷間に流れている。まことに記念すべき歴史の一駒である。その後も、忍者フィーバーは、アメリカから世界中を駆けめぐっているが、それは虚像だ。しかし世界は、初見先生が展開する真の武道とその実像を待望しているのではないだろうか。

●第2章　アメリカのマーシャルアーツ

1984年6月15日　於ニューヨーク市
　　　ニューヨーク・ロータリークラブ常任理事　大谷嘉輝

　外国の映画や、近頃は日本でも行なう友交のしるしとして鍵を贈るシーンを見たことがあるでしょう。ニューヨークの街を大谷先生と肩を並べて歩いていると、一台の空車にドーベルマンがいた。犬好きの私は、どこへ行っても犬に好かれるので、ドーベルマンに近ずいた。ドーベルマンは牙をむき出して私の差し出す手に攻撃せんと身構えた。大谷先生曰く「アメリカでは、自動車のキーよりも犬の方があてになるのです」と。何とそれでは友交の鍵が不渡りになるのではないか、と不安のキーポイントが私の脳裏を走る。

　大谷先生、奥様、大変お世話になりました。楽しいニューヨークでした。ニューヨークの善良なるマーシャルアーチスト諸君、アデュー。私は大谷先生の暖かいお心づかいを感謝しつつ、火風の二指を立て機上の人となり、世界大会会場のマイアミキャンプへと飛び立った。

ニューヨークでマーシャルアーチストより贈られた感謝状と勝虫の鍔。

ロスアンゼルス

　機上からコロラド渓谷を眺める。横眼に空を見ながら、セミナーで語ってくれた武友を思い出す。
　「アメリカで武道を志す者として、日本に存在した、信じ難い力を持つ忍者の伝説は聞いたことがありました。アメリカで教えられているいわゆる武道の、深さのなさに失望しかけていた我々は、本で読んだことしかない初見先生に教えていただけるというグッド・チャンスのセミナーに参加できて、私が5歳の時から探していた、真の、まさに究極ともいえる武道に遭遇できました。
　技もさることながら、私の人生観をかえてしまわれる先生がおられたのです。初見先生の武道は、どのレベルにおいても生き方に続きがあります。武神館道場で強調される自然さと流れは、身に迫った危険を実戦的に、その一瞬のひらめきのうちに処理しなければならないほどの生と死のはざまに生きている警察官、軍人あるいはプロのボディーガードには、最適です。初見先生の芸術は生き方を現実のものとして経験できるという妙があります。ただの説法や口先だけの哲学ではなく、実際の経験です。
　日本の歴史の流れの中で、900年もの間、時の権威に屈することなく生き続けてきた武道は、歴史と直接のつながりがあることにも価値があり、無視できません。武道は芸術となり、自然のうちになされる動きは芸術家の魂と意志の現われであり象徴です。こうした初見先生の無形芸術は、我々の人生のインスピレイションになることでしょう.!!」と語ってくれた武友がいた。
　私の見たマーシャルアーチストは、彼等の今まで持っていた武技のコレクター意識・競技スポーツ意識、神秘意識、この三つの意識に惑わされていた。このまどいからいくらかでも解放できて、彼等に何等かの目的と満足感を与えてやれたことがうれしい。
　マーシャルパワーからマーシャルアーツへ。マーシャルパーチスト、パはアジャパーのパーでなく、パートの意だそうである。同じくマーシャルアーチストへ成長してくれるだろう。
　ＬＡＸ国際空港着陸のアナウンサーの声が、ロス、ハリウッド、映画『カサブランカ』を思い出させ、バーグマンとボガードがそこに立っているような錯覚に

●第2章　アメリカのマーシャルアーツ

ホテルの一角にて。007の写真と共に。

マンズ・チャイニーズ・シアター前

ゲーリー・クーパーの手形

アル・ジョルスンの手形

襲われた。

　ホテル・ホリデイ・インへと、ハリウッドの夜道を車で走る。翌朝、ブラックベルトの本社へ挨拶に行く。待ってましたと言わんばかりに、ブラックベルトの社員が社長はじめ入れかわり挨拶に来る。今度は私が社内を挨拶に廻る新入社員にでもなったような気がしてくる。

　写真を撮影したいから、というのでスタジオに入る。女性カメラマンである。彼女の注文のままに、踊ってやることにした。女性のカメラマンだから、一緒に楽しもうといったところ、ウインクしてくれる。午前10時開始、終了は午後5時を経過している。一同曰く、「今までたくさんの格闘技の先生、それも名人という人が来ました。しかし先生みたいに動ける人ははじめてです」と。ブラックベルトの取材は大成功。

　ホテルに帰り、クラブで、メキシコのギャロという赤ワインを一気に飲み干した。美味い‼　40度のロスの気温と昼間の撮影に干からびた体軀に、赤い血が流

出版社『ブラックベルト』本社にて。

背の一番高い人がジムネル記者（No.1）、単行本出版担当のジェリー・サイモン社長、雑誌出版担当のマイケル・ジェイムズ社長

●第2章　アメリカのマーシャルアーツ

雑誌『ブラックベルト』の表紙

『ブラックベルト』に掲載された写真。女性カメラマン撮影。

　　本当の蹴りってものは、足を上げればよいってもんじゃあないよ。
　　フレンチカンカンと違うよ、と蹴りの真髄を見せた。

47

れていくようであった。
　翌朝、山火事の煙も落ちつき始めていた。スパイダーマンというクモ人間の映画がブームだという。
　私が英文忍術を出版したユニーク出版をたずねる。待ち時間に出版物のグラフに眼を通すと、足を上げた蹴りの写真ばかり出ている。フレンチカンカンであるまいし、と苦笑いしていたところへ、会長のカーチス王氏が現われた。カンフーの本を出版して、全米にカンフーブームをひき起こした仕掛人だともいう。彼自身、カンフーの使い手だともいう。そこには陰の愛国心のルーツが秘められていたことがはっきりと見えたのである。彼は中国人である。格闘技の名記者にこわれるままに対話。日系三世カメラマンとスタジオ入りして、連写のリズムに合わ

ユニーク出版会長、カーチス王氏と。彼が多分、カンフーをPRした功労者であろう。

ユニーク出版の三世カメラマンと名記者ジョン・スチアート氏。

せる。
　ホリデイ・インのベットによこたわる。2ケ月のアメリカ滞在中の武友との語りがよみがえる。アメリカは商人の国であり、武士国下ではないという。アメリカは個人主義であり個人の強さを大事にするという。日本は集団主義で組織、集団の権威を守ろうとする。アメリカは個人の力、その強さを大事にしている。昔、世界一のイギリス軍隊をゲリラ戦で、木の上で、岩の陰で、俺達は戦って勝ったのだという。忍者と同じだという。しかし一方では、新兵器を造る物質優先の彼等は、武道なんてものはジョークに過ぎぬという人もいる。しかし多くの人は歴史の浅さが、900年の生命ある忍法は、歴史的にもワンダフルと感じているという。
　歴史の力を信じている。日本人は自分が神の技の方向に向かっていくが、彼等は自分は動かず、自己中心の生活発想から、神の技が人間格の技となってくると信じている。それなのに新しい時の流れに恐怖感を抱き、古いものにしっかりとつかまっていようという人が多い。バックレディーが歩いていく。バック片手にベンチに眠るからだそうだ。
　私はそこで彼らに「君等は自分の心を開拓しなさい」と言う。彼等はマーシャルガッツだとも思っていた。アメリカの合理主義と個人主義が法律を組み立てている。そして、金でしばられている自分に気づいていない。武器を持つことが強いことだと錯覚して、武器がこわれることを考えていない。ニューヨークにはローン・ダンカンという忍者が生活していたり、朝鮮の忍者も出現したりしている。それが本物であろうとなかろうと同邦意識がサポートする。
　ガソリンは日本の4分の1の値段だ。石油は5分の1だという。電気も日本に比べると5分の1から10分の1の安さである。一般家庭のアンペアが、150〜200アンペアである。米も5分の1である。オハイオで家を買った弟子が3000万円で1万5千坪の土地と100坪の家（バストイレ付きが3部屋、その他の部屋も多く、地下室まで付いている）、それに1000坪の魚つきの池まである。
　塩をまくということは、バッド・ラック、不吉なことだという。日本のお相撲さんは勝負の前に何故塩をまくのだという。日本には最後の晩餐がなかったからだと答えた。先を行ってる一人が、昔は冷蔵庫がなかったので、保存するために塩を大事にしたから、塩をまくことは不幸のもとだと答える。ソルトレイクシティは塩の町で、地球のできる前は海だとも語った。
　ガラガラ蛇をレストランに売って金もうけをしたとバットが言う。うなぎやなまずは黒人が食うものだ、君も食うかと質問を受ける。なまずは中国人は絶対に

食わんといい、釣りは東洋人と黒人が好んでプレイする、そして食う。白人は海彦はきらいらしく、釣りはスポーツで釣った魚は食わないという。アトランタでは、アメリカ人は魚を弓矢で捕りスポーツ化しているそうである。

アメリカではベニスの商人のようなストーリーが大受けである。弁護士は、法律の国故、個人の利益を守ってくれるからだという。それ故に社会的にも弁護士の地位は高い所におかれる。日本の企業は他国の法律を研究しない。弱い商人が多いという。アメリカのコマーシャルはアイ・ドゥ・イット＝私はそれをした、アイ・ファインド・イット＝私は見つけた、というような意味しんを先行させて、大衆の心をキャッチしている。ジャンクフード（駄菓子、砂糖入り飲物）をいつも食っている。これが精神を不安定にしたり、狂暴にするものだと学者が語る。

日本のやくざは眼（ガン）をつけたといんねんをつけるが、アメリカでは銃（ガン）をつけたと問題を起こす。音よりも臭いを大事にする。狩猟民族は臭覚がきく。農耕民族は鼻が弱い。鼻アレルギーが彼等には多い。鼻っぱしらを打つと、彼等はギャッという。

弟子の一人が言う。3段ロケットの設計図をある女性がロケットを打ち上がる30年も前に見せてくれたと。幼児が夢の中で外国語を話す時、外国人の感覚にそまったと見るべきである、と二世が語る。現在はイミテーションばやりである。ダイアモニア、カルダン等だ。マーシャルもしかりである。

国際結婚は50％も失敗例をあげることができるという。そうすると国際武道も大変である。アメリカは引っこしの国だという。幌馬車の影響だろう。離婚も結婚も回転が早い。もうかる方向へ、転職、就職、商売がえ、しかりである。そのために人はできにくいとも語る。そしてトライ型であるという。ソープオペラというメロドラマが万国共通を写している。

南部は都落ちの場所であるが、アトランタは情報の中心地である。〝サンベルト〟という新しい工業地帯である。日本人は、ニューヨークやロサンゼルスが成功の場と思っているが、早く南部に来た人が成功してますよと私に忠告する。『風と共に去りぬ』か。500万ドルあれば、市民権が買えますよ。アメリカにとって有能な人間は、いつでも市民権ＯＫ、自由の国アメリカである。アメリカの底力は南にあるという。北は組合を作ってアメリカをこわしているともいう。

コカコーラの会社には忍者部隊がいる。ハワード・ジョンソンのレストランチェーン店はペプシコーラしか売っていないのである。客がコークをくれというと、ペプシを昔は出したのだそうである。そこにコカコーラの忍者がひそんでおり、商標違反だと裁判で勝つ。コカコーラの忍者は全国的に散り、今も活躍している

● 第２章　アメリカのマーシャルアーツ

という。近頃は、ジョンソン・レストランでは必ずペプシしかありません、と答えているという。一つの商業国家の商戦を見せつけられる。日本の戦争花嫁の悲劇を聞く。うまくいっている人もいるという。

　フロリダは気候がよく、老人天国である。年をとったらフロリダに住もう、が彼等の望みである。"フロリダは天国の待合室"は老人達の合言葉となっている。救急車が走っていく。老人は言う。「アパートが一つ空きました」「天国に一人の老人がめされたから」と。白い魔女ホワイト・ウィッチ、黒い魔女ブラック・ウィッチ、そしてタロット・カード、アーメン、真実がある。

　ロスから機上の人となる。雲海の上をジェット機が止まっている。一睡の夢が富士の高根に早秋の美を描いていた。会う人は素晴らしくよい人ばかりだった。

　帰国して、友人知人とアメリカでの経験を語り合った。スウェーデンから１年働いて１年間修養する青年が来ていてね、偉いもんだと話す。すると「それはね、スウェーデンは福祉国家だろう。１年働くと１年間失業手当が出るんだよ」と。何だ、そうだったのか、ということになる。

　武友達の国の中でも、クーデターや戦争が多い国がある。そのために、二度と会えなくなる者もいる。戦死してしまうのである。悲しい話である。国と国が争っているという武友達のはちあわせもある。彼等はセミナーでは楽しく稽古していたよとも語る。

　以前、アメリカへ行ったら、プエルトリコ人と友人になりなよ、と、今東光和尚がいわれたことを思い出す。同様に世界をめぐる時、ヒッピーの仲間に入ると、世界情報が手にとるようにわかり、裏街道をらくらくと歩くことができる道を教えてくれる。

　どの道でもそうである。はじめての外遊では危険の少ないよい道しか歩きたがらないものであるが、真実の裏をつかむことができるものではない。武道家の性とでもいおうか、危険が多くても、危険の中に住む人々の気質に合う行動ができるならば、本当の武芸の旅ならずとも、真実の友好を発見することができるはずだと思うからである。

ホリデイ・インのディナー。ジャック君と彼のフィアンセ。

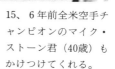

15、6年前全米空手チャンピオンのマイク・ストーン君（40歳）もかけつけてくれる。

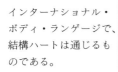

音楽が廻る。

インターナショナル・ボディ・ランゲージで、結構ハートは通じるものである。

●第2章　アメリカのマーシャルアーツ

　カンゴク・ロック
そして窓のない学校

　オハイオのケタリングにある警察に、弟子のジョーニー・ハウス君が勤務しているので訪ねた。
「ハロー　ハワユー　ジョー君.!!」
「よく　おいでくださいました」
と心のドアをオープンしてくれる。
「ジョー君、先ず日本式の挨拶を教えよう」とヤクザの仁義ポーズをとり、「ジョー君、これが日本式の挨拶だよ。日本人が来たら、これでいくと喜ぶよ.!!」
　そばで見ていたヘイズ夫妻は大笑い.!!　彼は今でも日本式挨拶と思っているようである。彼は真剣に署内で犯罪そして兇器、それ等についての対応策を次々と見せて話してくれる。射撃場でのターゲットの違い、75秒で18発の弾丸の発射、これは6発入りのピストルで3回弾の入れかえを行なうテクニックをまじえて見せてくれる。私も試し射ちをする。3年位するとピストル術もうまくなるという。
　アメリカでもオンザストーン、スリーイヤー（石の上に3年）がある。弾の種類、スワットチームの話。アメリカは広い。日本は狭い。アメリカでは武器を所持していないと500ドルの罪金をとられる州もある。日本では銃を持つと不法銃器携帯罪で最低3年の実刑が科せられるというと、クエイト教徒みたいだという。アメリカのクエイト教徒は、兵隊でも絶対に銃はとらないと頑張るらしい。ナイフで殺すのは残虐行為だという。銃なら残虐でないと思っている。

世界大会を前に集まった武友達が、デートン国際空港に迎えてくれる。

キャタリン警察署玄関でジョーニー・ハウス君に挨拶。「おひかえなすって」「おひかえナサッテ！」

ピストル操作法の説明を受ける。

署長室にて。

● 第2章　アメリカのマーシャルアーツ

　牢屋の近くの部屋にトレーニングルームがあり、囚人たちがウェイトリフトをやったり、カンフーの稽古をしているのだという。ルームの壁には、豚と美女の写真がはってある。そこで聞く話しだと、囚人達が格闘技を習っていて、警官のピストルを奪う方法を稽古している、しかし警官は銃を持っているから、囚人等何てことはない、とコーヒーを飲んでのんびりしている。だからポリスは豚みたいに太るんだ、という風刺写真だそうだ。

　ちなみに、アメリカでは、警官を豚といっているのだそうである。こんな所から、格闘技をやる奴、マーシャルアーツをやる奴は、パーシャルアーツだ、なんていわれるのだなと、武道を低く見る彼等の一端を見せられたのである。アメリカの牢獄の道場には、何かサタンの神が祭られているような気がしたのである。そこでどうしても彼等に弾丸のない時でも、弾丸以上に効果のあるピストル体術の7発の型なるものを伝授することになったのである。『ナイフ・ピストル術』（土屋書店刊）なる拙著がそれである。

　その頃、アメリカでは不思議な事件が発生していた。人間が歩行中爆発して消えてしまうというのである。忍者の名人かな、なんて笑ったものであるが、目撃者の話しだと、車からおりて歩いていた人が突然爆発したという。屋内でもおきているとのこと。その事件の生き残りの話しだと、キャンピングカーで寝ている時、気がつくと、手足から煙があがっているので屋外に出て助けを求め、生命をとりとめたらしい。とはいうものの、火傷のあとが残ったという。

円筒の回転ドア

パトカーにて。

犯罪に使われた兇器の
かずかず。

囚人のトレーニング
室にて。

● 第2章　アメリカのマーシャルアーツ

　ジェイムス・スチュアート主演のヒッチコック監督作品に『裏窓』という映画があった。スリラーだった。こんなことを言うのも、アメリカにはもっと恐い窓のない学校が二つあったのである。
　"恐いですね。幽霊でも出るのでしょうか。アメリカではオカルト映画『オーメン』等がありましたね。『フランケンシュタイン』もありますね。だけど、そうじゃあないんです。ハイスクールの生徒達が暴れるんですね。教室の中で机や椅子が飛ぶんですね。ガラス窓を壊されてしまうんですね。そこで考えられたのです、窓のない学校を作ることを。恐いですね"
　事実、ワシントンで発表された報告を見ると、先生は月にして平均4人の生徒に暴行を受けて治療をしており、生徒の方も何らかの形で月平均28万2千人が暴行を受けているといわれている。そこで、なぜ生徒達は暴力行為に走るのだろうか、アメリカ在住の武友に聞いてみた。
「アメリカでは個人主義のため家庭の不和が生じやすく、したがって離婚も多く、両親の違いから愛の糸が切れて、子供達が暴力に突っ走る、オートバイに乗る暴走族もその一例でしょう。
　人種差別観、つまり黒人問題等もあります。中流以上のハイスクールの女生徒の数パーセントが妊娠を経験しているともいわれています。子供のいる学生は珍しくなくなっています。麻薬の常習者もいて危険です。土曜・日曜は学校は休日です。そこで、ビールやマリファナに酔った学生が運転で事故を多発させております。まあユダヤ人とか日本人の多い学校は程度が高く、暴力行為もなく安心です」と語ってくれた。（但しこれは私の聞き書きである）
　離婚現象は知識階級ほど多くなり、日本でも最近は中高年層の離婚が多くなったといわれている。これは文明社会が成熟した時に起こる共通現象でもあるといわれている。孟母三遷という中国の故事の一節を借りると、教育は環境が大切だということになる。それに対する学説がないかと調べてみると、スイスの精神科医のＣ・Ｇ・ユングが書いた『心と大地』の中には、「人間は大地と風土の力によって作りかえられてしまう」というようなことが書かれている。一昔前ジョージ・スティーブンスの『ママの想い出』とか、日本でも三益愛子さんの母もの映画がスクリーンに写された頃からか、何か母はこうあるべきであるというような従来からの母親像の存立への危険信号を暗示していたようにも感じられる。
　確かに母と妻の力というものは、子供を育て夫を育てる大きなパワーとなっている。次に大事なものは家族の感覚だと思う。

窓のない学校リバーウッド・ハイスクールの9〜12年生、2、3000人が在学している。

ワシントンのハイスクールの先生。

　『峠の我が家』の音楽が日本で流れ、ポルカの音楽と共に写し出された小津安次郎監督の『晩秋』、松竹のホームドラマが消える頃から家族崩壊が始まり、核家族現象が始まったように感じられる。灰田勝彦の『東京の屋根の下』という歌、何にもなくてもよい、という家族建設の心意気も、結果は、ということになってきてしまった。

　近頃の子供達は、私達の時代と違って、玩具趣向も一転している。おままごと

●第2章　アメリカのマーシャルアーツ

のような家庭的な遊びをする子供が少なく、自己を表現するためのアクセサリーを身にまとうとか、お化粧をするとか、キャンデーも一つ一つ違ったものを買う、帳面も、表紙に書かれた気にいった絵によって買う。それが個性的だという。ここでの個性的ということは、わがままともいえるのである。また、流行に非常に敏感で、流行色のないものは玩具店などでは眼もくれないそうである。流行のままにということは、ケセラセラ、または善悪の判定度が弱いということにもなる。

　なぜ、子供達の玩具観を羅列したかというと、物を持つ感覚が性格につながっているからである。武芸者にいわせれば、武器を持たせた時、その人間ができるか、またはその性格がどうか顕著に現われる。オートバイを駆っての暴走、戦争と麻薬、暴力と麻薬、戦争と強姦、暴力と強姦。

　しかしレイプは人類の歴史上古くから存在した。また、文明の極限状態の時でも発生すると、スーザン・ブラウンミラーという女性評論家が言っているのを聞く時、戦争の時、平和過ぎた時、要するに両極端の時に起こるということになると、暴力は戦争と平和の両極端の極限状態におかれた時に発生するという定義が立証されてくる。ユングも言う。

　暴力が多発してくると、その暴力に対応する色々の研究が発表される。サムソンが髪の毛を切られて暴力が振るえなくなった。頭の毛を切って得道する。そして善人になった、という話を聞けば、当然のごとく髪の毛と暴力という入口からその研究に入る。

　シカゴのウイリアム・ワルシュ博士は、髪の毛を見ただけでその子の暴力性が判明すると発表した。普通はおとなしい子供でも、暴力行為に走る時、髪の毛には多量の銅が含まれて、亜鉛とナトリウムの含有量が少ないという。たえず暴力を振るう人間の髪の毛には、多量のナトリウム、ミディアムの亜鉛、ローの銅が含まれていたという。これ等の現象は、通常人の髪の毛には見られないらしい。

　ウェーブでもおもしろい研究をした人がいる。学校の教師なので、子供が教室で勉強する下向きの姿、つまり頭頂部を見ることが多い。ある日、頭のよい子のつむじを見た時、左巻きなのを発見し、他の子のつむじを観察するようになった。

　二つつむじのある子はいたずらで頭がよいとか、つむじが異常位置にある子はつむじまがりだとか、ジョークのような発表をした先生がいた。

　セミナーの折、ワシントンから来たハイスクールの先生に、アトランタの窓のないサンデー・スプリング・ハイスクールの話や、「先生の学校では暴力を振るう生徒たちにどのような態度で対処していらっしゃいますか」とうかがってみた。他の生徒にも迷惑をかけることになりますので放校しますし、私の学校の生徒は

よい子ばかりです、と自信を持って答えていた。
　孫悟空が暴力を振るうので、観音様が孫悟空の頭に鉄輪をはめた。その鉄輪は孫悟空が暴力を振るうと頭を締めつけて暴力を振るえないほどの痛みを与えた。悟空の頭の鉄輪は、徹和をさとすための観音様の詞韻といえる。観音様の体罰ということなのだろう。馬鹿につける薬はないといわれるが、暴力につける薬はないのだろうかと思っていると、青少年の暴力に有効な薬物療法が発見されたと紙上で発表された。テンカンの治療薬と精神病治療の併用で15症例中14の例に有効だったそうである。何はともあれ、この薬が本当に効くのだったら、戦争もおきず、世界平和を保てる特効薬になることだろう。
　生徒の暴力化傾向の一つの原因として、食生活もあるのではないかとも思われる。狼少年という狼の乳を飲んで育った少年の話を聞いたことがあるでしょう。狼の乳の栄養はともかく、人の生活との違いから暴力を発生される。現在の子供達は、人間の乳、お母さんの乳から早期に離乳し、牛の乳で育てられている。これは一つのヒントになるのではないだろうか。
　シュガーのとりすぎ、アメリカではジャンクフードを食べすぎる子が、非行・暴力に走りやすいともいわれている。シュガーは歯を痛める位だから骨も弱くする。骨から血液が作られる。陽のあたる所に生活すれば骨もじょうぶになる。しかし心の中に陽がささなかったら、アメリカ映画でアカデミー賞受賞作の『陽のあたる場所』というタイトルと裏腹に、悲劇が生まれる。
　師が私に言われた。「武道も、宗教も精神の吐露やで‼」と。私はいつも弟子と一緒に汗を流し合って稽古をしている。スキンシップということより、本当のカタルシスだ。分裂核家族という現代社会現象の中で、通じ合う何かが一番大事なのではないだろうか。
　私は良寛の心とそして故郷感を子供達に持たせたい。もち論大人達にもである。そこにやすらぎが生まれ、暴力行為に走る偉駄天をストップさせる自然力がひそんではいないだろうか。私の心を知る武友達は今も米国に住み、子供達を窓のある学校に進学させるべく指導している。
　教科書の問題点について聞くことがある。そんな時、活字をあまり必要としない武道の巻物の無限の一字一言の素晴らしさを語りたい。そして口伝についても語りたい。核家族の日本には、おじいちゃんやおばあちゃんの昔話しも消えてきた。譜面を必要としないジャズが素晴らしくハートをゆさぶる。台本の無い映画がヒットする。勧進帳を読む白紙の情が活字となって人々の心を感動させる。白紙の中から素晴らしい"強化書"が生まれ、生徒は"肝心帳"をひっさげ登校する。

●第２章　アメリカのマーシャルアーツ

マーシャルアーツ世界大会　アメリカ編

セミナーの徒然なるままに

　マイアミキャンプでのセミナーの第一夜が三日月を合図に始まる。黒い軍服を着た私は闇に溶ける。溶けた私は、草音をララバイ（子守唄のこと）に沈み歩き藻と流れて泳ぐ。数刻、黒い岩山が月光に消されて現われる。私を待つ影の一群である。三日月を肩に担ぐごとくして私のブラックシルエットを闇の空間に写し出すために立ち上がる。黒い岩山が砕け散るようにして拍手がおこる。すかさず私はスピーチをする。

「レディーズ・アンド・ジェントルメン。諸君に会えて、僕は大変嬉しい。僕のセミナーを受けるために、世界中から馳せ参じてくれてありがとう。諸君の待ち望んでいた本当のマーシャルアーツを、これから伝授しましょう。先ず伝授する・伝授を受けるという関係は、人為的なものからは生まれません。日本には春夏秋冬の四季があります。それは春に種を撒き、秋に実を得るという、自然の法を守れる自然の律、それを知る者からティーチしなかったら、大成させることができません。これが武道の四季ならずとも、"識"なのであります。

　ちょっとむずかしいことを話したかもしれませんが、武道というものは、教わってから数年経過しないと、育たないものなのです。そこでお祈りしましょう。日本では、三日月様にお祈りすると何でもかなえてくださるといういい伝えがあります。諸君が求めているマーシャルアーツが、諸君のボディ・アンド・ソール

第１夜は三日月。

61

に授かりますよう祈りましょう」
　黒い岩山も彼等の熱気で霧隠れに、闇の中へと消えていく。夜稽古の第一夜が音もなく開始されて消える。翌朝、はや私はセミナー会場にあった。いるわいるわ、巨人の群である。数百名に達している。
　その頃、全米では映画『将軍』が大ヒットしていた。なぜヒットしたのか彼等に聞いてみた。
「将軍がなぜヒットしたか、それは何ものの上にも君臨するオールマイティな将軍像、それを求めるその願望が映像の中に満たされていたのではないでしょうか」という。ニューヨークで彼等が何を望んでいるかを知ったようなものの、これはごく一部のものにすぎないと思えた。ニューヨークでの格闘技愛好家による友好は成功であったが、ここにいる数百名の彼等は何を望んでいるのだろうか。将軍的"感覚"なのであろうか、豪傑なのだろうか、金太郎なのだろうか。
　デートンの朝日が美しく昇り始めた。遠くで近くで、朝もやを破るように銃声が叫んでいる。二つの眼で見るアメリカのカントリーは「広い」。二つの眼だけで広大なアメリカを見抜くことができるだろうか？　アメリカだけではない。世界からマーシャルアーチストが何かを私に求め期待して集まってきてくれている。眼は心の窓というならば、私は二つの心を持とう。私の心と彼等の心を、そして個人主義の風潮が蔓延した地球上の人類に愛よりも慈悲の心を持ちなさい、それはギブ・アンド・テイクでなくギブ・アンド・リターンだと語ろう。そんなことを考えているうちに、太陽のエネルギーが日の本生れの私を勇気づける。そして幼き日に読んだ"太平洋の橋とならん"の一節と、その橋があればこそ、やすやすと渡米できた私は、先人のたどった道と空を眺めたのである。
　新渡戸稲造は武家社会も消えようとしていた頃、南部藩勘定奉行の三男として生まれ、新政府に対する反骨の子として育ったのである。それが勉学と洋行という形に現われたのもうなずけるのであるが、黒田清隆中将が校長で、もとアメリカの南北戦争の折、軍人としても有名を馳せた元大佐ウイリアム・スミス・クラークの教鞭のもと学生として学んだということと、学生時代、友人と英語でしか話さない時期を得たり、クラーク先生にキリスト教の教えを受けたりもした。このキリスト教なるものの影響等、彼が世界の人に認められたり、愛される人物に育てられてきたのであろう。
　私はどうだろう。新渡戸稲造がキリスト教による世界観というならば、私は学生時代、世界中の映画を毎日のように見ていたからだといえそうだ。知らず知らずのうちに、世界に通用する男としてのマナーを映画から学んでいたのである。

● 第2章　アメリカのマーシャルアーツ

世界のキリスト教、世界の映画が、明治と昭和の世界観を持つ青年に育てたということにもなるのである。

　ベルギーの法学者ラヴェレーが新渡戸に対し「あなたのお国の学校には、宗教教育がなくてどうして道徳教育をするのですか？」の問いに対し、幕藩の子、稲造をして新政府に対する反骨の精神が武士道を書かしめたのであろうか。新政府の外来文化摂取の行きすぎに対し、アメリカの友人が送ってくれた本『進歩と貧窮』は、日本人に対する警鐘であろうか。それはそれとして彼の著書『ブシドウ』は世界的ベストセラーになり、アメリカのT・ルーズベルト大統領も愛読者の一人だったという。

　新渡戸稲造の晩年に語った学問に対する見識が、武道の真の極意と同じなのには、新渡戸稲造の識者としての偉大さを感じたのである。彼はこう言った。「学問というものは、ノートに筆記できるようなものでは本物とはいえん。一番すぐれた学問は、筆記なんかできるものではない。本でたとえるなら、行と行のあいだにある、いや、字と字のあいだにあるのだ……」と。

　武道でもそうである。すぐれた武道は、筆記なぞできるものではない。何十年か修業した弟子には、私の稽古の時は筆記するなと言ってある。しかし筆記する者がいた。武道はへたである。

　武道のSF論を述べてみよう。強いとか弱いとか、勝つとか負けるとか、スピードとか、パワーとか、技の数だとか、それが武道だと思っている人に申し上げてみよう。そんな"動作"だったらロボットで作れるのだ。コンピュータもある。リモートコントロールもある。レーダーもある。前者を肉体として、後者を精神と単純に分析してみると、強い格闘技の世界チャンピオンはロボットに持っていかれてしまうということである。

　彼等は、それ等を意識していないのに、潜在的に機械的でない人間的なマーシャルアーツを求めていたことが、私の人心観破術による空間の映像は、蜃気楼のごとく現われてきたのである。

第2日目
柔軟体操から始める。

①

ジェリー・ローマン君、突きを前腕尺刀にてすり上げに切る。

②

われ玉虎の変流に流れるJ君。一転空に両手逆捕り、足と手で軽く捕るのみ。

③

気合、逆気合で生かし、気合で空の逆手。

④

星の急所に手刀拳を刺し込み、「ゴー・ヘル。地獄へ落ちろ！」

●第2章　アメリカのマーシャルアーツ

①
ジェリー君の突き込みに対し入身

②
一転右腕逆鬼捕りと首落とし。天頭当て三か所捕りに極める。

③
長い脚蹴りに潜り形でチャールス君の左膝をわが左肩で捕り、

④
軽く倒す。

①
長身の空軍中佐ドクター・ハリー・ギブスを相手に、肩で蹴りをいなす。

②
彼はハーバード・メディカルスクールの医者である。軽く地上に手をつかせる。その時私の左膝は彼の左肘を捕っている。

●第2章　アメリカのマーシャルアーツ

① 諸君、ノーパワー。

② 蹴りの飛ばしには、

③ 羽根をひろげて飛んでみなさい。相手も飛んでいく。

第1日目セミナー

　マイアミキャンプへ。ヘイズ君運転するキャデラックに乗って突っ走る。いるわいるわ、300名近くのマーシャルアーチストが待っていた。
「レディズ・アンド・ジェントルメン。私の武道はノーパワーでリラックスしたハッピーなテクニックです。エンジョイ・テクニックでもあります。レッツ・ゴー*!!*」何を言ってんだろう、このオッサン。イッパツでなぐり飛ばせるな*!!* という気迫が彼等から私の全身に伝わってくる。前列の右端にいる巨人からのようである。
「彼は何ていう男かな？」と聞くと、
「彼はジェリー・ローマンといいます。カウボーイで、両腕で牛を2頭抱えて一度に倒す男です。彼のお腹は、牛の角で7か所も刺された傷が残っています*!!*」と答えが返ってきた。
　日本人は農耕民族、彼等は狩猟民族である。そんな所にも、猛牛倒しはへとも思ってない彼等の、野性の闘争意識が私の体に突き刺さってくる。先ずはアニマルハートをもんでやろう。
「ソフトボディとソフトハートを作るために、柔軟体操をやろう」と私自身の前屈、開脚、後屈を自由に見せながらプレイする。彼等は概して固い。中には柔軟な者がいるが、体操の選手だという。私が前屈して足の裏の指から踵を越して手指を地上につけて見せる。「僕は52歳だ。ユアーツーヤング　ゴーゴー」ジェリーもリラックスしてきたようなのでアタック願望の牛使いを呼ぶ。
「ヘイ　ユー　カモン」
　彼が私に向かって歩いてくる。歩くたびに彼は巨体化する。
「オーライ　アタック　オーケー」ものすごいパンチが飛んでくる。
「オーライ　ナイスボール」と野球の球を捕るように拳を捕るなり体変すると、彼はスライディングするかのように自分のパワーで突っ倒れる。
「アウト*!!*」と私が極める。「オーケー」
　彼は「俺の力が消えた*!!*」という。「忍術をかけたんだよ*!!*　ワンスモア　オーケー」16文キックならぬカウキックが飛んでくる。
「そんなキックは知らねえよ。空でプロペラとめるよ」とプレイ。私のさす手の方へ彼はふっ飛んで転倒する。
　次々と「今まで俺は負けたことがない」と豪語する者がアタックしてくる。空中に浮かんだり倒れたり転がったりしていく。彼等は私にアタックすれば必ずどうにもならない状態になるということを感じてきたようである。その日のセミナ

● 第2章　アメリカのマーシャルアーツ

一も終え、キャンプに帰ろうとすると、一人の青年が私に近ずいてきて、「先生、ジェリー・ローマンが先生にプレゼントしたいそうです‼」
とユニコンが画かれた小さなメダルを私に手渡した。なぜジェリーが直接私に渡さないのか聞いたところ、
「彼はとてもはにかみやなのです。尊敬する先生には直接渡せないようないい男です」
と彼は立ち去っていった。私はああ、アメリカへ来てよかった、とデイトンのサマータイムの赤い空を眺めながら、高松先生に語りかけた。
「先生、世界の人々が喜んでくれました。頑張ります」と遠い橿原の久米墓地の墓標に語りつづけたのである。

　スウェーデンからセミナーに来た二人の青年は、1年間働いて金をためた。そして休職はできないので職を辞して1か月のセミナーのために渡米してきたのである。そして帰国したら再就職するのだと話していた。

　翌朝からのセミナーでは、大部リラックスしたムードが流れている。「ユー　カモン‼」一人の弟子を指差してコーチしようとすると、「イエス　サー」という敬語が放たれてきた。彼だけだと思ったらそうではない。アタックしてくる者全員がそうなのである。

　驚いたことに、一晩にして彼等は三つの日本語を覚えたのである。"痛いです""まいりました""ありがとうございます"讃語である。日本の武道観で礼儀を通常とする態度になれきって、世界的な礼を本質的に知らずにいた私に、世界的マナーに対する霊感が飛んできて、ワールド・マナーのサウンドとボディランゲージの宇宙中継が始まってきた。

　日本のケイコ着でなくてもよい、心の中に稽古する"着"でなく"気"があればよいでしょう、と語りかけてくる彼等の眼の輝きを見た。もっとも語ろうにも英語にタンノーでない私だから、かえって効果的であったのであろう。ゴー・ヘル（地獄へ落ちろ）というジョークと共にプレイする。彼等を痛めて権威を守ろうとする幼稚なマーシャルアーツ感覚を持たずにプレーしようという、体と体の言葉が通じる。

　彼等のポイントにあたえる痛覚について、浪越先生の"指圧の心は母心"の手法で彼等に伝授してやることにした。痛み所を捕る。彼等は「痛いです」という。しかし、その中に、技の妙技に酔わされて忘却的痛覚からおきる快感現象をおこした。彼等の陶酔現象をそこに見たのである。その手法に酔う彼等は「ハッピーです。ハッピーです」の叫び声に変わってきたのである。

①
チャールス・ダニエル君、ジョージア工科大卒。
「中国の拳法を見せてください」「OK」

②
右のパンチが来、わが両手にて頭捕りにいき、

③
体変してチャールス君の右腕を極める。私の左足の裏を見ていただきたい。チャールス君の足を捕っている。この位置だと膝と腰と体の変化でチャールス君を自由にできるポーズ。

●第2章　アメリカのマーシャルアーツ

椅子の生活になれている彼等は、膝を曲げることを知らない。「フランケン・シュタイン・ウォーク・ノー　ケネディも言っただろう。歩け歩けと」

私の右側マイケル・ウイリッヒ君、GSG9（ジーエスジーナイン、秘密警察）の猛者。

① ウイリッヒ君を軽く巻き極めに捕る。

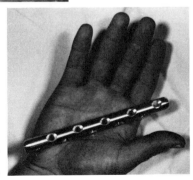

② ウイリッヒ君流のヤワラスティック。

座っていても油断はならず、ジョークの一撃がやってくる。私もジョークで、「油断はないよ」と彼のチンにイッパツ・ジョーク打ち。ラリビーバ君心が読めるのか？

アメリカで拙著英文忍術を出版してあるので、その本のサイン会。

西部劇で酒で目潰しをかけるシーンを見るけど、これはバード君グラスの鼻つぶしだ。

九字呪文のセミナー。

●第２章　アメリカのマーシャルアーツ

　青い広大なる大地でのセミナー、それに比べると、小さな道場を求めていた私の脳裏に、世界が私の道場だという幼き日からの誇大盲想という発作がおき始めた。
「諸君、私はノーカントリー、ノージャパンだ。アイアム　ア　ユーホー、宇宙から来たんだよ。だから私の武道にかかると、イテ、イテなんだ。日本では痛いということは、イテーというんだよ*!!*」
　調度ＳＦ映画のイテ（Ｅ・Ｔ）が大ヒットしたので、彼等のあいだから大爆笑がわいてくる。
　彼等の足を攻撃する。特に膝を攻撃する。長身の彼等にはどうしてよいかわからない体傾になるようである。よしこれだと、彼等の攻撃に対し膝でプレイする。よく技がストップし、空間に極まる。倒れる。彼等はダンスは一日中踊っても平気だが、歩き方を知らない。車の乗りすぎか生活の環境か。日本人はよく外人は腰が弱いという固定観念を持っているが、そうではない。外人の腰の形を見てごらんなさい。丈夫そのものだ。足はスマートだが弱点はここにあった。
「ヘイ、皆な。歩かないと駄目だ。忍者は小股に早く歩くんだ。俺についてこい」
　青い眼、黒い眼、茶色の眼の一群が私の後につづいて歩きだした。その昔、私の家ヘルスカ君（柔道世界一）が遊びに来た日を思い出す。柔道家にしては珍しく柔軟な膝、そして足運び……。歩け歩け、映画『グレンミラー物語』のセントルイスブルースのマーチの旋律にのって、ウォークウォークと、彼等をリードする。
　本当の武道の真剣型というものには、死生観しかなく、勝負という言葉はないのである。そこで彼等に"志生勘"でプレイしてやる。遊んでやる。しかし、分析できない私の流動や流れに対して、彼等は対応できなくなり、流れに沈んでいく。
　彼等が再び、身心ともに固くなってきたのが見える。そこで私はわざと彼等に体を蹴らせて自信の回復を促す。
「ナイス*!!*　君のキックはすごいな。ベリグー」しかし彼等のスゴイキックも、空体でいる私には然々反応はしていないのである。でも彼等は「蹴りが宗家に当たった。俺だってまんざらでもない」という自信がヒキガネとなり、自由攻撃をかけてくる。さあ、今度は、ラストまで一発も空体にもふれさせず、ダウンさせる。何人にも同じことをくりかえし流す。そこで彼等に、「最初の一発を私に当てさせたのは、君たちをリラックスさせるためだ」と話してやる。
「ナイス、ナイス」と首を振り振り拍手が飛ぶ。ナイフの攻撃、斧の攻撃、ピス

トルの攻撃、棒の攻撃、すべて同じくプレイ、プレイのティーチへと流す。私の動きを見た女性闘士が、「ヘイ、キュートボーイ、キュート‼」と指を差す。私は「しめた」と思った。「ニューヨークのアスファルトジャングルでケダモノを集めて相撲の稽古の金太郎でやってくるよ」という目的の達成を、この一語にみたからである。

　ドイツのルフトハンザ乗っ取り事件の際、指揮をとり犯人を射殺し、天下に名を馳せた隊長のウイリッヒ君が、ヤワラスティックを持って私にアタックしてきた。彼は世界の格闘技を数十年修業した猛者である。また、その筋の先生でもある。「オーライ」彼の攻撃をプレイする。技にはまってやる。彼が勝ったと思うと彼は空を飛んでいる。押さえつけられている彼のヤワラスティックをとり上げて、彼以上に私が流し極めにオールポイント風、アタッカーと化していく。彼は突然地べたに頭をつけて、日本流に「参りました。ありがとうございました」と深々と礼をしながら「こんなに素晴らしい先生に会ったことはありません。こんな素晴らしいものに会えた現在、本当に幸福です」と涙を浮かべながら喜びを表わしてくれた。「ダンケ　ダンケシェーン。私の武道をわかってくれてありがとう」と答礼した。

　インディアン君の二つ斧の攻撃、カリの攻撃、インドの名人と称する武道家のアタック等、すべて体で答えてやる。セミナーも終盤になる頃、日本特有のミステリアスの問題に問いが走る。

「日本には、九字とか十字とか、呪門、密教というものがありますが、本当ですか？」とアタックしてきた。

　一同見守る前で「九字とか十字とか、呪門、密教、そういうものはたくさんあります。しかし、そのものをわからせるためには、私がみなさんの前で実演してみせなくてはいけないことが一つあります」と返事をしながら、「ヘイズ君、僕が皆の方をみて話しているから、いつでもよい、ヘイズ君は俺の後ろにいて隙があったらなぐっていいよ」

　彼は一瞬驚いた顔をした。そして私の後ろで身構えた。彼を意識せず前面を向いた私は話している。隙を見てヘイズ君の武歴18年のパンチが放たれる。私の耳をかすった拳は空間に止まっていた。後ろにいるヘイズ君にふりむいた私は「ヘイズ君、九字とか呪門てのは、こんなものをひっくるめていうんだよ。まあ、九字十字よりも大事なものがあるってことだな。九字を切ったり呪門をとなえるひまもないのが、真剣型っていうもんだ。わかるかな？」

　ヘイズ君をはじめとして、セミナーを受けている一群は蒼白な顔をして首を振

● 第 2 章　アメリカのマーシャルアーツ

るのみであった。セミナーも終わり、お別れパーティが始まる。お国自慢の演武を楽しむ。忍者ショーも始まる。ボンファイアーが始まる。火があかあかと周囲を照らす。妹より贈られた緑色の着物を着た私の姿が火に浮かぶ。

　セミナー最後の語りで「諸君と本当に楽しい毎日が送れたことは素晴らしい。諸君達の賜物です。感謝しています。それと同時に、日本の武道がわかってくれて、日本の武道を愛してくれたこと、本当にありがとう。日本の武道は、平和的で芸術的にも高度なものとわかっていただき、日本の武道を心から愛してくれた皆さんを生涯私は忘れることはありません。生涯の友達でいてください……」と挨拶をする。火を囲んでいた一同は、全員立ち上がるなり炎立つ拍手を送ってくれる。そして一人一人から次々にプレゼントの品を、暖かい眼差しと共に贈られる。

　彼等は口々に「先生、帰らないでください」と言いだした。涙を流している者もいた。そこで、私は両手をあげて彼等に言った。「アイシャル　リターン‼」歓声と共に握手が続く。炎の伝達で身も心もあつくなってくるのを覚えた。

　俺には国がない。俺は日本人じゃない。宇宙人だ。そういうことをアメリカで言ってきやがったのか、と誤解なさる方もいらっしゃると思うので、一言つけ加えておく。先人はこんな言葉を残している。バートランド・ラッセルは「人類の滅亡を防ごうとするんだったら、世界合衆国を設立するより他なし」、バンデット・ネールは「世界政府を作るべきである」、アインシュタインは「世界政府の樹立以外には、人間が出会う最も恐ろしい危険を避ける方法は考えられない」と。そこでまた彼等に語る。「武道というものはボディ・アンド・ソウル型の中にはめてしまうものではありません。また武道という一つの組織にがんじがらめに縛りつけられるようなものでもありません。私は、マーシャルアーツのリンカーンです。奴隷解放を唱える自然児です」と火炎を踊らす。

　心地よい早秋の夜風が、私の頬をなでて去っていく。風は語った。アトランタまで車で数時間の所に立つ私に、風と共に去るなとささやくのであった。

右拳突きを体変、相手の右足極めに捕る。

右突，左突，体変，足捕りのまま、相手の扼の急所を極める。

右突きをわが右手で扇りながら、右膝拳にて相手の右脛を崩れ打ちにて、助けてやるよと右手を捕りつつ崩れ倒す。

●第2章　アメリカのマーシャルアーツ

雪の崩れ込みを軽く腕捕り折り。

相手右手左手二の腕を押さえ左手逆捕り棒締め。

相手方右手足捕りし、左手逆捕り、左右足捕りに極めギブアップ。

左拳打ちを体変、半棒首締め打ち。

両手、肩、頸、大逆捕りに軽く浮かし極め。相手不動棒がもう一本の手足となる。

ナイフに切り込みを羽根のごとく浮かし捕りに頸当て、不動捕り。

●第2章　アメリカのマーシャルアーツ

右手ナイフ突きを鬼裏逆で極めながら、首締めに極める。

ナイフ突きを体変、拳流しより大逆左抱折り(やく)に出て、極め浮かす。

両翼折りにいくと同時に、腰と肘足骨折りに極め浮かす。
カナダから来たジムが言う。「20年修業した技はジャンク（クズ）だった。先生によって開眼した」と。

「棒術に遊ぶんだよ。こうしてね」

彼等との対話。心と心は武道を通して、口を開くことなく肌から通じていく。通訳を介すより正確である。

●第2章　アメリカのマーシャルアーツ

棒術。ヘイズ君の固い受け。もっとコミカルにキュートに動けとしかったりする。

半棒両手捕りにラリー・ビーバーを極めていく。私の右足がビーバー君の右手逆を極めているのを見てほしい。

ハリウッドのスタントマン、ジェフ・モールドバン君を刀の鞘捕りに極める。「こんな技もあるんですか？」

セミナーも終わり各国の演武が披露された。その一つ忍者ショーを彼等は開幕した。

忍者ショー〈そのストーリー〉

　一人の兵隊が見廻りに歩いている。忍者が木陰にひそんでいる。見廻りの兵隊がもどってくる。木陰にひそんでいた忍者が兵隊に当身を入れる。兵隊は一撃で倒れる。倒れた兵隊を木にもたれるように眠りのポーズのまま銃を肩にかけておく。忍者木陰にひそむ。一人の見廻りの兵隊がやってくる。「眠っているのか。起きろ」と失神している眠りのポーズの兵隊を蹴とばす。兵隊が崩れるように倒れる。驚く兵隊の後ろより、影のごとく忍者が忍び寄り首締めで倒す。そして、忍び技で高窓に忍び入り、忍び返す。しかし、ロッククライミングであり、音入りの忍び技である。彼等は一生懸命演じている。くの一も演武する。窓の上から大丈夫よ、と赤いハンカチを振る。

アメリカ忍者の一群

●第2章　アメリカのマーシャルアーツ

①
煙玉を投げてめくらまししながら、番兵を倒し木陰に隠れる。

窓よりくの一のハンカチーフを合図に、忍びの一群、人梯を作り忍び込む。四散。

③
ワンバイワン、影が縄伝いに消えていく。

ボンファイア

レーガンハットを贈られて"アイ・シャル・リターン"

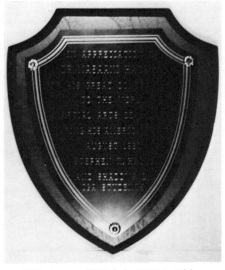

マイアミキャンプ世界大会で贈られた楯。

●第2章　アメリカのマーシャルアーツ

デイトン飛行場にて。ジョー夫妻、ラリー・ロージャ夫妻、ダン夫妻等々が飛行場まで送ってくれる。

ジークンドー
いろいろな格闘技が見うけられる。

二本の短棒を使ったカリ

ダンエーサント君。ブルース・リーの一番弟子といわれている。

車体ナンバーニンポー。

ラリー・ビーバー君の愛車。

● 第2章 アメリカのマーシャルアーツ

 コレクター達

　アメリカのカントリーで草の香も香ばしい夕暮れ時に、五十数名の弟子達に体術や棒の稽古をつけて、「一同10分休憩」と声をかける。
　ジョン青年が近づいてくる。友好のランゲージとしてだったのだろうか、日本の軍刀を私に差し出しながら「私の刀です」と微笑みながら話しかけてきた。一瞬、私の顔がひきつるのを感じ「刀は危険だからしまいなさい‼」と、彼に命じた。というより自分の心に命じたのである。その時の私の心の中に、日本人としての刀に対する同邦愛が走ったのである。
　刀剣を美術品として鑑賞する、刀剣を見ることによって心が磨かれる、おちつく、豊かになる、こんな楽しみから所持する方を、私は愛刀正常型と呼ぶことにしている。刀剣の価値を誇示するかのようにして、刀剣をみせびらかす。虎の威を借りる型、刀剣を売買してスリルを味わうギャンブル型、刀剣を発掘して磨く考古額型、刀剣に関しちゃ俺の眼はたいしたもんだよの伝七型、鍔や柄、目貫、鞘、頭や小鐔を集めるプラモデル型等色々の型がある。
　しかし、私は刀を分類したり価値評価することはあまり好まない。武芸者という者は、弘坊筆を選ばずの例えに似て、武風刀剣を選ばずの感を常識としている。だから、錆びた刀に対しても、よくいうわび、さびの心で刀に接している。
　刀を持つ方は、またそれに関係ある方は、よく何人位斬れるのでしょうね、と私に問いかけてくる。そんな時、私は、先ずこう答える。
「武道家という者は、初めも終わりも無刀真剣型、いわゆる無刀捕りの極意に達すると、何人位斬れるのかな、なんていうことは先ず考えなくなるということですよ‼　それで合点のいかない方には、剣体一如という言葉を思い出してください。刀ってものは、斬るばかりではありません。刀身、柄、鞘、何でも使うことができるのです。刃こぼれしても私が使えば鋸のようになって骨をよく斬るのです。忍具に忍者は、矢じりなんていう、鋸状にした両刃の剣をわざわざ作って帯びたものです。まあそれより大事なことは、いざ実戦、真剣勝負という時、どんな刀でも、あれば「俺には生涯、てめえという強い味方があったのだ‼」と、国定忠治ならずとも刀に対し感謝の念がわきいずるものです。
　刀の鑑定にしても、武道勘を優先させると、こんなことがありました。正月の

87

時でした。利根川べりに鯉捕りの名人がおり「先生、鯉が獲れたから食べに来てください‼」と電話があり、早速、弟子の運転で彼の家をたずねました。先ず、生肝二つを焼酒と共に飲みほし、雑談しているさなか「先生、家に刀があるんですよ。見てください」と奥座敷から、十数本の刀を小脇に抱えて私の座す横にならべました。

　そこで私は袋をはずし、刀を出そうとしている彼に向かって「そのままでいいですよ。これとこの２本がいい刀じゃあないかな」と袋包みの２本を指差すと、彼は「先生はどうして刀身も見ないでわかるのです。その通りです。確かにこの２本が私の最高の持物ですよ。不思議ですね」と話した。

　刀には魔生がある、妖刀があるとよくいわれる。しかし、童話にもある、やさしい少女の愛が魔法から王子様を解くというように、刀を持つ人の心がその人柄によって正邪の剣を生むのではないか。

　ニューヨークのジョン・セデアー君の武器のコレクションは素晴らしいものである。写真で見るように世界の刀剣、武器が集められている。「まだまだ集めますよ」と張り切っている。日本の世界大会にも参加した好青年である。大会では、自分達の国で入手しやすい材質、鉄や木材、グラスファイバーを使って作ったユニークな武器を披露していた。そして、その使い方を教えてくれとせがむ。そこで彼等の作った鎖鎌、ナギナタ、槍を自由に操作して見せた。隠し武器等も実にたくみに作る。研究用としてというより、実用的に作る。非常に危険だ。

　そこで私は彼等にその武器で私にアタックしてこい、と命令した。彼等は一瞬とまどったが、ナックルをはめて一人が攻撃してくる。肘を捕り、肘返しで彼のナックルで彼の顔面を当てる方向に技変させる。自分の顔を自分のナックルでなぐる。オーといって彼は顔を押さえる。

　次は指にナイフをはめた一人の青年がジャブでくる。蹴り上げ体変で彼が倒れたところを、指ナイフを木の根に打ち込み、鬼殺し。彼は指の痛みに声も出ずこらえている。

「どうかね、諸君。武器をやたらに作ってそれを使おうとすると、結果的には自分が不利になるんだよ。わかるかな、原爆もおなじこと……」と笑いながら語ると、一同「アイシー」と頭をたてに振る。

「諸君達がよく使う言葉で、"眼には眼を"というのがあるけど、仏教には輪廻の思想がある。リンネね」

「はい、そうですね。リン音、ベルの音ですか？」

「そうだよ、ゲイリー・クーパーとイングリッド・バークマンの"誰が為に鐘は

鳴る"という映画、君知ってる」
「知ってます。戦争には悲しいことがたくさんあります」「争う者は、滅びるの例えがあるように、争いに用いる道具を作ろうと思った時、滅亡感を常に思い起こして、反省することだね。だから、日本の武士は神前に武器を祭って、争いが起きないよう、平和の続く日を祈ったのである」と彼等に語った。

ニューヨークのジョン・セデアー・コレクション

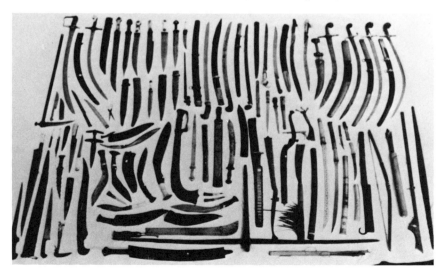

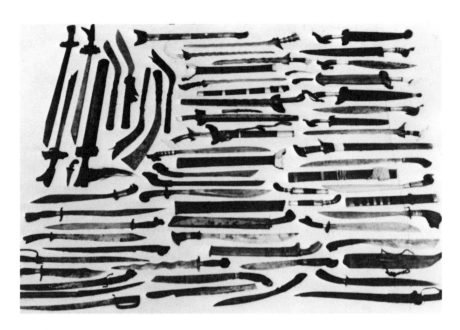
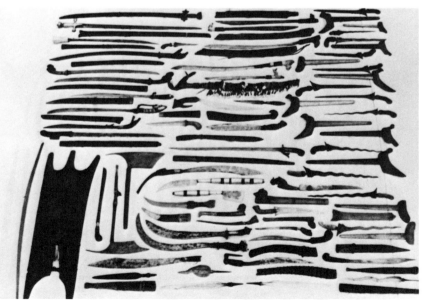

●第2章 アメリカのマーシャルアーツ

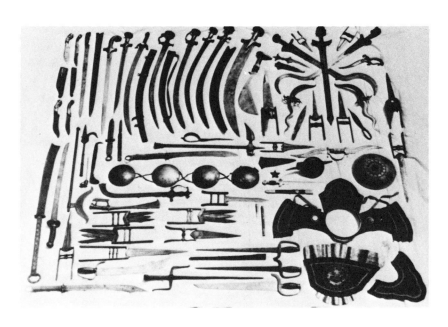

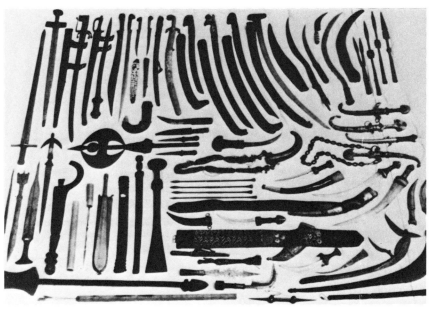

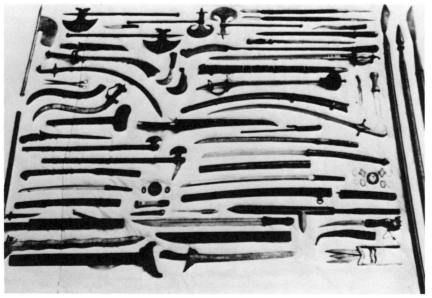

●第2章　アメリカのマーシャルアーツ

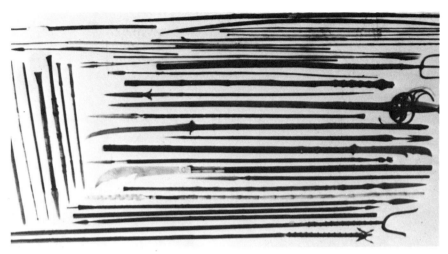

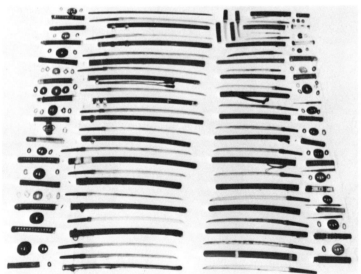

ウェポンという言葉は、シェクスピアの時代、ペニスの同義語であった。
また、ウェポンもワッペンも同義語であったという。ワッペンと紋章、家
紋と武器。一つのルーツが発見されていく。武士の間でも騎士の間でも！
しこみ杖。彼等はすぐ土地柄に合わせて、武器を作る仕掛人達であった。

マイアミキャンプにてシークレットウェポン作りの連中とも会う。そして披露してもらったものを紹介しよう。

しこみ杖。彼等はすぐに土地柄に合わせて武器を作る仕掛人達であった。

長柄の武器　仕掛け杖

飛び槍

◉第2章　アメリカのマーシャルアーツ

忍者刀

アメリカ流の巨大な手裏剣

吹き矢作りのトンファー等、鎖鎌もある。

アメリカ風忍びの武器

メイドインアメリカの鎖鎌で鎖鎌術の演武。

隠しチェーン。インロウと思いきや、分銅であった。

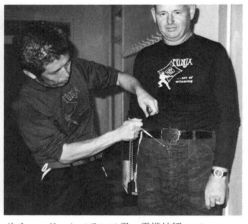

リチャード・セベランス君。電機技師。バックルを磁石として銛盤手裏剣を何枚もひっつくように作られている。

星形の"つぶて"

●第2章 アメリカのマーシャルアーツ

ナイフガン

ナックルナイフ

ベルト、ナイフとナックル

錠開け器

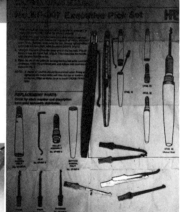

ボウイナイフの模型

ナックル

隠しナイフの数々

アメリカ風隠し武器

鉄輪、投分銅。彼等のツブテ。

◉第2章　アメリカのマーシャルアーツ

警棒

分銅グサリ

グラスファイバーを編みあげた分銅

薬莢に鉛をつめて分銅を作る。
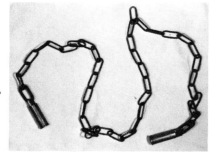

99

7　女性は強し

　戦後の日本では、女性と靴下が強くなったというのは誰もが認めることだが、その結果として、"妻原病"とか"母原病"という独特な病気が発生し始めた。レディファーストという女性特有のパワーがそれを作ったのである。そこで、アメリカから日本へ流れ込んできたこのレディファーストという思想の根元は、どんな所から発生したのか知っていただいて、女性の生き方を再発見していただきたいものである。

　西暦紀元1800年から1840年頃までのアメリカ開拓時代には、男性30人に対して女性は１人の割でしか存在していなかった。これは男性にとっては女性は何よりも得がたい希少価値である。それがレディファーストという風土を作ったのである。

　しかし現代のアメリカでは、その反動としてであろうか、抑圧されていたモヤモヤがあちこちで女性に対して爆発し始め、暴力現象として現われ始めた。女性に対する暴力＝レイプが一つの例となって多発している。

　そこで女性も護身術を修得しようとする態度が活発に現われてきた。だが彼女等に指導する格闘技の先生達は、私にいわせると女性に教える格闘技ではなく、パワーのある男性にしか効果のないものばかりである。先ず男性のパワーが７とすれば、女性のパワーは３であるということと、実際に男性が狂人のように荒れ狂って女性に対した場合、７よりも８、いや10にもなる。それに反して女性のパワーはそんな時、人によっては２になったりゼロになってしまうことだってあるのである。

　というように実際から得たデータを研究して教えている人は少ないといった方がよいだろう。これでは生兵法は怪我のもと、というより、"生兵法は死を招く"になりかねない。こんな実情も、女性の格闘技修業者には指導する一方で、実際の場での女性のパワーは"薫子危うきに近よらず"、弱を示して驚に入りやすいものでもあるから、とさとす必要がある。

　東洋の文化は恥の文化といわれ、西洋の文化は罪の文化ともいわれているが、東西の接点があまりにも近く混合する地域では、恥と罪の混合文化現象が起こり始めていることに気づかれると思う。流行を追う女性像を見る時、私は流行とい

● 第2章　アメリカのマーシャルアーツ

う現象の中には、"消耗文化"がひそんでいる、ということも見る必要があるし、また、烏合の衆徒化して"翔んでる女"になってるのではないか、思案橋というところである。

「先生の女性像は」と質問された時、こう答えている。

「僕の女性像には、女、女、女の三つのタイプがあるんだな。先ず、石本　正さんの描く成熟した女体から発散する艶と、未成熟な女性の顔、この混合色の女性像。次に横山津恵さんの描く秋田美人の健康色、秘めたる自然美をかもしだしている女性像、そして次は内田あぐりさんの描く本当に包みかくしのない性(さが)をもつ血の通う女性像かな。こういう3人の女性に囲まれて、彼女たちと酒をくみかわせたら素晴らしいだろうな！！」と。

　とにかくこれは夢である。万能の神様でも、このような女性像はお造りになれないであろう。万能と東洋的に書けば仏教体である。しかし、バンノーと西洋的に書けばすべてがノーであり、無即ち空となる。そうなれば、万能にも空にも等しい宗教的共通性が現われてくる。弱き者、なんじの名は女なり、という言葉も通用しない現代、弱小国と思われる国々も、非常に強くなりつつある。なぜ強くなったかというと原子力というパワーが大艦巨砲時代を沈めて、トランジスタから放つ大艦巨砲の何百倍、いや何千倍のパワーへと弱の闘理が豹変したからである。それを物語るかのように、女性兵士の増加と活躍が報道されている。

「ニカラグアのノラ・アストラさんもその1人で、彼女はゲリラ掃討作戦で勇猛をはせたレオナルド・ペレス将軍をベッド作戦に誘導してガンベルトをはずさせ、将軍の護衛兵には煙草と酒を買いに行かせる。将軍がガンベルトの置いた場所から離れた所でしっかりとアストラさんが将軍に抱きつく。将軍も抱きつく。締め型でいる時、室内にひそんでいた同志にアストラさんが合図する。将軍は締まり極めに動くことができず、頸部を切り裂かれてしまったという。その彼女が駐米大使になるとかで、アメリカ政府も思案顔である」また「リビアにあるレディ・ミリタリー・アカデミーでは、少女達のための軍事教練場があり、そこで訓練された少女兵は、アラブの元首ガダフィ大佐の女親衛隊員として当用され、世界最高のボディガードとして活躍しているということである」

　日本女性は強くなった。しかし本当に強いのだろうかと考えなくてはいけない時期が来ているのではないか。「酒に溺れるもの術力失うなり。色欲に溺れるもの術力失うなり」という教えが武道にあるが、この酒色にあふれた水遁の術、変じて酔遁(すいとん)の術で泳ぎ切るということは至難の技である。

　私はニューヨークからロスアンゼルスへの一人旅の時も、酒色に溺れぬために、

一滴の酒も一人の女体にも触れなかったものだ。酒色の網にひっかかり多くの武道の達人が殺されているのを見ても、おわかりのことと思う。また、弱い者には『惹』という同音の字体があるように、弱い者にはひきつける恐ろしさがあるものだ。弱い者に知らず知らず縛られてしまうこともある。要するに、男と女と酒と色と弱の五つのために、人間は狂気になり、凶器を振るいやすい生物であると。
　五つのムードにはまった時、ふと私の言ったことを思い出して、男遁、女遁、酒遁、色遁、弱遁の五つの術を使って、その射程内から脱出することである。美には男女共に弱いものである。ある日、反骨美的な女性像が浮かび上がってきた。甲斐庄楠音の描く女の肉の臭いである。香水は肉の臭いを消すための消臭液なのであろう。ユング博士にいわせると、暴力は戦争のクライマックスの瞬間、平和のクライマックスの瞬間に発生するらしいが、美も醜も女性の武器なのである。勝海舟は、幕臣である。しかし勤皇倒幕の志士とも交っていた。必然的に敵味方の腹の深さを読めぬ小者達は、勝の命を狙うことになる。勝の所には、テロリスト風な者が日夜「勝はいるか!!」とたずねたそうである。そこで、勝は美人を登用させて、彼等に当たらせたという。それも数名の美人で、テロリストを迎えさせ、送り返したそうである。信玄流・くの一城垣の一手を用いたのであろう。
　武道には表技と裏技がある。これは何回も申したが、色々の方向から解釈できるのだ。表技を男性の技とするならば、裏技は女性の技ということになる。また、表技が男性と女性との技というならば、裏技はオカマ型となるわけである。また、裏技が女性型で表技がレズ型になるということである。色的のマーシャルアーチストを、夢々あなどるべからず、である。
　人間には知性というものがあり、その知性にも個人差がある。主観的知性というものがある。女性の場合は、ホルモンに左右される血性というものもある。これが曲者といってもよいであろう。こんな時は、女性と争わない方がよろしいようである。ちょっと女性の悪口はがり書いてしまったが、これも女性に対する握考の一つだと思ってお許し願いたい。
　女性は男性にとって重要な存在ということを申し上げたい。女性は、セックスに限らず、男性のための女性、男性のための助勢となってくれることが多いからである。くの一に限らずとも、内助の功などという山内一豊の妻のような美談は多く聞くことがある。玉虎流の伝書には、母は強しということで、金剛拳、子持虎の構え、つまり、ちょうど虎が子供を抱えている時は、争うことを好まず忍んでいるが、我が子に害が加えられると見るや、最後まで忍んでいるものの、やむをえず捨て身となって子を守る意識が母が自分を無にする意気で敵を追い払う、

● 第2章　アメリカのマーシャルアーツ

という意味のことが書かれている。九鬼神流打拳体術の一項にも、乳虎の構えというものがあり、この構えは"最後まで護身的弱を示し反撃す"と書かれている。また口伝として「或る　山深い所で　一匹の餓虎と狼がばったりと出あってしまいました　虎は朝から何も食べておらず　腹がペコペコでした　虎は　暴虎に一変　狼を一撃のもとに倒そうと身構えました　そこで　狼は　虎に向かって言いました　私にはまだ生まれて間もない子供達がおります　いま10日程まってくれませんか　その頃になれば　子供達も一人で生きていけると思います　その時には　私のこの身を貴方に差し上げます　と涙ながらに懇願いたしました　しかし俺は腹がへってる　すぐお前を食いたいんだよ　と狼の母の懇願に耳をかさず飛びかかってきました　母狼はやむを得ず　必死になって　余力を投じた捨身の戦いを開始しました　虎の一撃をかわし　虎の頭上をこえる　逃げると見せて反撃をみせ　飛転　東風　西風と飛びこえ　無二無三に飛び廻る」と伝書には記されている。

「あまりの勢いに　虎も疲れ一休み　ここぞとばかり狼は一つの穴に飛び込んだ　虎は逃がすものかと怒り狂って狼の逃げていく穴を掘り返しながら　虎の身がどうにか入れるように穴の奥へ奥へと進んでいきました　この穴の中　無明界は虎の怒りの愚かさをさしているのだが　狼は20メートル程先の脱け穴から　出た所で出口を土石でふさぎました　次に虎が入り込んできた入口をもふさいでしょう　狼は一目散に虎の子の所へかけより　いずこへと逃げさりました　虎は穴をふさがれていることに気づかず　あっちをほったりこっちに潜ったりするものの暗闇の中では眼が見えず　夢中になって掘り進むうちに　疲れはてて死んでしまいました」という悟りの話が書かれ、それに、その解説が残されている。

　狼の場合、子供可愛さに死を決して捨身に出て、虎の技を挫き、意表なる戦術に出たのである。虎は狼くらい手間はかからぬという自惚れ気が、自滅せしめたのである。

　私がなぜ、幼稚な童話的な話しに変えて語りを入れたかというと、現代の人は（語り部の老人も勿論含まれます）おじいちゃん、おばあちゃんの話しを聞く機会が核家族のために消え去ってしまった。この幼い話が、長（おさ）となるための心掛けであったり、幼稚な話しであるようで、それが"養知"なものであるということを皆さんに言いたかったからである。師と弟子の間でも、このような何でもないような口伝で重要な真剣味が含まれた話しが語り伝えられていたということも知っていただきたい。

　この捨身の精神が肝要である。この教えから色々のことが考えられることでし

ょう。自惚れ、すなわち自己中心、ナルシズム、それが自悶自倒現象をおこすということだ。怒りを、よく"頭にくる"というが、トサカにくるとうまいことを言った人がある。頭に血が上るというより、血が抜けて知性が蒸発して、痴性だけが残ってしまうのだ。そこで、その知性を蒸発させずにおくために、つまり下げるために怒りが出たら『女の股の心と書いてあるのが"怒"の一字だな』と空想すれば、大人だったら怒りは消えるものである。息子はまた別の話しだが……。

　話し変わって、引き金、ボタン、スイッチ、これ等は老弱男女、子供でも引いたり押したり入れたりすることができる。現代は、その先に恐ろしい兵器がしたがっている。こんなことを考える時「強弱柔剛あるべからず　故に　此の心を離れ　空の一字を悟り　体　又　無しとして　之れに配す」という武芸の極意の唄が、脳裏に走るのである。

●第2章　アメリカのマーシャルアーツ

 # 西部劇とインディアン

　私達が映画で見たインディアンは、野蛮で獰猛な人種、というより野獣化された映像を見てきたのだが、それは勝者が作った敗者の映像にすぎない。西部劇のガン捌きのうまい英雄達も、実はならず者で、はっきりした記録も残っていない、と私のセミナーを受けにきた研究家が口々に言っている。

　自由平等のはずの人種への視線も、第一はアングロサクソン系で第二はユダヤ系、第三は北欧系、第四は南欧系、第五に北東洋系、第六に南東洋系、第七に黒人とプエルトリコ系。以上のように分類されている。

　チャールス・ダニエル君は大学出の秀才である。ジョージアの工科大出だったと思う。彼はインディアンと共に生活して、インディアンの風俗、習慣等を研究している。そして白人の彼が、インディアンほど素晴らしい人間愛にみちた者はいない、白人が悪い、と、とうとう私に語る。チャリーは語る。

「僕は宮本武蔵が好きです。インディアンはトラッキングといって追跡の勉強をします。もちろん、狩りのためや人間を追跡するためのものです。僕がスー族のセミナーに出席して素晴らしいと思ったことは、スー族の戦いの練習は6～9歳の頃より、お父さんからではなくプロの戦士から習うのです。その資格は、バッファロー等の狩りができてないといけないのだそうです。ですから生まれて歩けるようになると、遊びは、狩人ごっこや戦士ごっこです。12歳から14歳位になると、水や食料について薬師より習ったり、自然の中で生きる知恵を習ったりもします。そしてインディアンは、自分も自然の中の一人というより、一体と思わせる教育を受けるので、白人が来た時、街を作ったのには驚いたそうです。

　もっとも、大自然の中で火をつけたり水を見つけたりすることが先で、文化的なものは何一つとして創作しませんでした。道具も動物の皮や骨を家材としたり武具ともしたんですね。インディアンの鎧は動物の皮と骨と木で組まれたものです。動物なんかも、金になるからなんてこともなかったのですが、必要以上に殺しません。植物系のものでも、全部は食べません。来年のために用意したり、そこここにある岩石も動かさぬよう自然のままを大事にしました。その頃は、弓矢や飛ぶ槍を使いました。チェロキー族だけは吹き矢を用いましたね。

棒に石をつけ、皮でしばり、投げると手元に帰ってくる武器や道具を使ったものです。少年達のトレーニングでおもしろいのは、食事の用意は女達がするのですが、肉料理をしている時などは、女達の目をぬすんで肉取りの忍法もやります。それから、口に水をふくんで16キロ位の山岳地帯をかけまわります。素手で馬に乗って騎馬戦ごっこもします。相手を両手でつかんで、足で蹴る格闘技を稽古しますが、パンチは用いないのが不思議ですね。棒を両手でつかんでのレスリングみたいな格闘技をやったり、棒やりの投げ合い、寒い所では氷の上で綱引きの競技もするそうです。野性馬を育てます。馬術は馬の横腹にへばりつきながら走る、馬から矢を放つ訓練もします。武器は弓矢と手斧を主に用いました。大きな戦いがあると、馬の背に武器をたくさん乗せ何頭だてかにして、馬をとっかえひっかえ使って攻撃しました。

　しかし、集団の戦法はあまりなかったようです。一方、個人主体の集団戦法はインディアン・ゲリラは素晴らしく、ベトナムの戦争の時、ずいぶんと軍人が勉強にいきました。インディアンは小さい時からのトラッキングの勉強で、足跡を消したり足跡を見つけることがたくみでした。そして闇から闇へ（忍者みたいですね）行動するのです。インディアンの忍者衣装はバックスキンです。これを着て行動すると音がしません。ぬれても着たままでもかわいてしまいます。

　インディアン達のゲリラ戦は10〜20人位で一つのターゲットを襲います。映画みたいな戦争はありません。ジェロニモの部族は40名にすぎなかったのですが。それを攻めるために、アメリカ騎兵隊の軍人2000人が2年間も攻撃を続けたのですが、彼等を1人も殺せないばかりか、300人もの軍人が殺されてしまいました。そこで、白旗をかかげた白人軍の兵士が撤退する。そしてお前達に土地をやるからとの条件で敗走しました……」

　初見「忍者もそうなんだな。五右衛門っていう忍者がいたんだけど、あれだけの使い手は死によらんで‼と高松先生も言われていたね」

　チャーリー「先生、どこへ隠れたんでしょうね‼」

　初見「釜ゆでで熱かったんだから、水遁の術でも使って海から脱出したのかな。浜の真砂と五右衛門のっていうぐらいだからね。そして、フランスへ行ったんだと思うよ……」

　チャーリー「ホワイ‼」初見「それはね、ゴエモンてフランス語では海草っていうことだからさ……（笑い）」

　チャーリー「インディアンは、いつも平和を求めて白人に接していたのですけど、白人は悪い‼」白人のチャーリー君が怒りと懺悔のランゲージで話る。

●第2章　アメリカのマーシャルアーツ

「白人は戦争ではインディアンをなかなか殺せない。女子供達に悪い食べ物やって殺したり、伝染病患者が死んで必要ない家財道具や衣服を売ったんです。結果はわかるでしょう!!」

初見「インディアンのフィーリングってのは、インディアン・ラブコールの唄を聞いてもわかるように、素晴らしい宗教・哲学観を持っていたんだろうね」

チャーリー「そうです。インディアンの生活、思想は丸です」

初見「日本でも禅で丸をかいたりしますよ!!」

チャーリー「生命は南から始まります。そして西は自分の内面自己を見る場所で黒で表わします。太陽が沈んで暗くなるからです。今までは子供時代だったが、それは楽しいものだ、しかしその楽しい時代も終わり大人になったんだ。自覚の場所です。次は北です。北は白で表わします。雪、それから寒風等を表わします。完成を表わします。頭髪が白くなると人間は完成する。それも表わす場所です。次に東。パワー、輝きを表わします。黄色で表現します。人間の輝き、人格の輝きを表わすのです。この４つを円の中で分化させて考えたり見たりするのですね。そしてこの悟りは、どこから入っても、人間の一生をも表わしているわけです!!」

初見「この感覚が、丸の中での足の動きが、インディアン・ダンス、踊りになるわけですね!!」

チャーリー「映画でインディアンがパイプを廻し飲みしてたでしょう!!」

初見「見た見た。日本でもね。吉原のオイランの吸付け煙草ってのがあるんだけどね、これも男と女の戦争の前に吸うんだよ!!」

チャーリー「(笑) 終わってからも吸うでしょう!!」

初見「もちろん!!」

チャーリー「先生吸いましたか？」

初見「僕等がこれからだって時に、吉原のインディアン流にいえば東の灯が消えちゃったのよ!!　23年前、吉原の松葉屋さんのショーでね、僕の友達が吸ったのを見たけど!!」

チャーリー「そうですか。インディアンはこの煙草吸うと戦闘意欲が発揚されちゃうんです」

初見「今宵のコテツも血にうえているということだね」

チャーリー「そうです。パイプの一節一節も自然界を表わします。煙草の煙りには、自分の願いが神に通ずる作用があると思われています」

初見「朱色のゼテク蛙をアパッチ族は毒にして毒矢に使ったりしたそうだけど、ガラガラ蛇の毒なんか使ったのだろうか？」

107

チャーリー「使ったかもしれません。草木も400種類ぐらい知ってます。カスター将軍も、自分の名誉のために自滅したのです」

　初見「友人も言ってたけど、第一次の開拓時代、本当に頭皮をはがされながらも開拓を進めていった人々も、次に来た白人の金持ちに追いはらわれて、アパラチア山間の民になったという悲劇を知る人は少ないでしょうね*!!*」

　チャーリー「考えさせられることはたくさんあります*!!*」

　四方に祈り、大いなる天地に祈りをこめながら月を表わす赤石のパイプ。満月は攻撃力や生殖力を象徴する。パイプの柄についた六枚の羽根は、母なる大地、魂、人格、神を表わし、パイプの柄は植物を表わす。皮で作った吸い口は動物を表わすという。アメリカの原住民インディアンは言う。「インディアン嘘つかない*!!*」ヴァインデロリア・ジュニアは「頭の皮ハギはフレンチインディアンの戦争前に、イギリス人が持ちこんだのだ」という。インディアンの頭の皮はビーバーの毛皮より高い値がついていたとか、ヨーロッパ人が頭の皮ハギを戦術の一つに使ったとかいわれる。スカルピングへの評価は、モンテーニュも言っているように「人間は自分の見なれないものを野蛮という」野蛮性は誰もが持っている。

大酋長

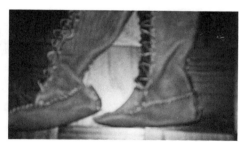

インディアン・バックスキンのブーツ

チャールス君の甥、インディアンの少年も参加する。

インディアンの末裔、チャールス・ブルホード君

● 第2章　アメリカのマーシャルアーツ

活法と医療

　活法というものがアメリカにもあるのかと思い、パイロットでもあり航空隊の医者であり、現在では脳外科と内臓外科を受け持つ救急外科医のケリー・ヒルさんと対談してみた。
「アメリカでは最近になって救急外科の必要性を感じてできたものですが、交通事故とか心臓疾患、ピストルで射たれたとか、ナイフで刺されたといって担ぎ込まれてくる患者が非常に多いのです。頭やのどの損傷が多いですね。その都度、生命との戦いです」「大変ですね!! 武道でいう活法みたいなものは、医学でも用いられていますか？」「あります!!」とボデーガードを職業としているロジャー君を相手に説明を加えながら見せてくれる。
「ハインリッチ・マヌーバーというもので、活法のようなものでしょう」「活法と奇蹟、そんなことを感じることがありますか？」「あります。それと同時に、奇蹟と反対の現象を見たことがあります。20歳の男性ですが、ピストルで腕を射たれました。その時、肉片が飛んだだけで、医学的にいったら死ぬような傷ではありません。しかしショックで、精神的には彼の頭の中は死んでしまったのですね」
「そういうようなことは、たくさんありますね。昔話に首を切る音は、日本手拭いに水をひたしてパタッとやるのと同じ音なのですね。昔、罪人を目隠して次々と首をはねていき、その罪人の番になった時、刀で切るのではなく手拭いでパタッと音をたてたところ、首を斬らないのに死んでしまった、という話しを聞いたことがあります。そんなところからも、武士が深手を受けた時、傷は浅いぞしっかりしろ、なんていうことも大事なのですね」「アメリカでもそうです。死にそうな患者さんに、あなたはだいじょうぶですという、時にはジョークを飛ばして笑ってみせてやります。そうすると、患者は安心するものです。こんなことがありました。警官でしたがピストルの弾が脳を貫通しており、駄目だろうと思ったのですが、弾や骨をとってやると正常に復しました。しかし不思議なことがあるものです。救急医ということもあり、日に一人や二人の患者の死をみとりますが（私がヤブ医者というわけでありません〈笑〉）、死ぬような患者さんというのは、みとっていると、何か患者さんから冷い風が私に吹いてきて、窓の外に出ていく何とも表現しにくい現象が起きるものです。そういう現象が起きると、必ずその患

者さんは死にます。しかしその現象がなければ駄目だと思うような重傷の患者でもなおるんですね」「そうですか。私も師匠に聞いた話しですがこんなのがあります。一つは12、3歳の少年が池に落ちて溺れ、仮死状態というより死んでいたといった方が正しいかもしれない状況にありました。水に沈んで30分もたってしまった溺水者を助け上げ、その少年の下唇を引くとちょっともどりました。武道の溺水者に対する活法がありますから、一法として自分の折り膝に溺水者を乗せて腰をとんとんとたたいて水を吐かせ、次に溺水者をあを向けに寝かせ、大海の活という、お臍の下の活所に指刀拳を置き、気合一声活を入れると、見事に蘇生して家族に大変喜ばれたそうです。もう一つの話しは、散歩中のことですが、遠くの景色を丘の上から眺めていると、丘の下の池の端に一人の男が立っており、やをら水音と共に身投げをしたのですね。先生は水術の名人ですし忍者です。沈んだ人間を水遁の術で助け、活法を入れました。しかし、水を吐くことなく死んでいるのですね。この現象は、俺は死んだという気持ちがあり、身投げしたので昇天してしまったのですね。少年の方は死のうとして水にはまったのではない、ということで生きられたのですね!!」「その活法を教えてください」「こうやります!!」もろもろの活法について語る。(活法については『秘伝戸隠流忍法』に書かれている)彼は大変喜び「明日から私の患者は全部生きかえります」と手を開げた。

　次の日、カイロプラクティックのドクター、バニー・フィンチ君から「先生、カイロプラクティックっていうのは、日本でもありますか？」とたずねられた。「ありますよ。流行しているようです。武道にも秘致武九護身術というのがあり、背髄を正しく保つ方法とか、指圧の法とかありますよ。ちょっと味わってみますか？」「オー、サンキュー」と横になったので手技をほどこして一刻、「どうですか？」「本当に気持ちがよく、痛くなくてすっきりしました。カイロプラクティックで、私は、初めは力を入れて強くやりましたが、これはいけません。近頃はぜんぜん力を入れない方法を発見しました」カイロもいたずらに力を入れないほうがよいようである。

　死線がある、ということを最近、実際に経験した。50歳を過ぎた女教師よりうかがった。「私が浅草で教鞭をとっていた頃の話なんですよ。終戦もあと5日という8月10日のことでした。空襲があり、15人の生徒と共に防空壕に待避したのですが、直撃にあって生埋めになってしまいました。午前8時半頃だったかな？　私は入口近くにいたのがよかったのか、一生懸命子供達をかばって助けようと努力してたんですよ。そのうちに意識がもうろうとしてきて、徐々に苦しくなっていきました。頭から先にまいっていくものなんですね。昼近くに助けられて、後で

● 第2章 アメリカのマーシャルアーツ

聞いた話しなんですけど、助けられてから『ここはどこ』って一度気がついたようだったけど、また意識がなくなってしまい、意識を回復したのが、午後4時でした。意識のない状態にあった時、覚えていたのは、私がね、宮城前の祝田橋の前に立っており、その道路を横切ろうとするのだけど車が来て立往生しちまっているんです。もしその道路を渡っていたら、私は死んでいたでしょうね。生き返った5人の子供達に後で聞いたのですが、川の向こうでお母さんが呼んでいるのだけど、川の水が恐くて川を渡らなかったとか、山がありその山を越そうと思うんだけど、越すことができない、何か一本の生と死の間には結界があるのではないでしょうかね」

　死に至る結界も神ながらこれも活法である。アメリカの医療では先ずお医者さんにうったえることが大事だという。また、ナースも美人揃いで、痛くない治療が好まれ、歯医者さん等は、ピエロの格好で子供の治療をする。口を開けた患者さんに映画を見せながらも治療をするという。

　痛いけど指圧のような快感、一度に二か所に痛みを入れて、痛みを分散させる方法などを用いてセミナーすることを直感した。

　アメリカでの救急医療の発達はめざましい。日本では検診によるガンの発見率は1000人に3人ぐらいだといわれている。しかし、急を要する急患を助ける作業が集中監視病棟に入れば、救命率が70％だということを知った時、日本でも救急医科というものの重要性を感じるであろう。

　救急医の御厄介になりたくなかったら、自分の生活のリズムを作るべきである。正しい自然な生活のリズム、それが心臓のリズムと平衡していると思ってもよいのではないか。

　救急車が走ってくるのは、日本では消防署からだ。病院はどこだというううちに患者は死んでしまうことがある。アメリカでは病院から救急車が出る。患者はすぐに病院に運ばれるから死ぬ人は少ないのである。

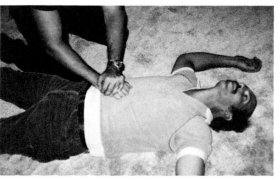

ロジャー・ステバルトン君はボディガードの仕事をしている。「ハインリッチ・マヌーバー」の手技を見せるドクター・ケリー。

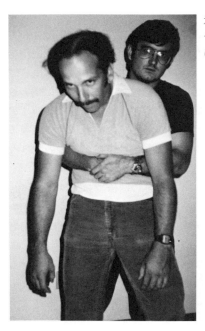

元航空少佐ドクター・ケリーと活法を受けるロジャー・ステバルトン君。急所は精神的には頭、肉体的には頸という。

私の左側ケリー・ヒル君は妻と共に救急医。中央後ろはハリー・ギブズ君。心臓外科医の空軍中佐。右は眼科医のゲリブッシュ君。

カイロプラクティック医のバニー・フィンチ君。

●第3章
世界のマーシャルアーツ

1 武術の歴史は日本だけのものにあらず

　武道、格闘技は日本が御本家と思っている方が日本には多すぎる。これも地球の一地方観がそう思い込ませてしまったのであろう。そこで、16、17世紀に書き残されていたオランダの書物や、日本の伝書を見ていただいたり、各国のマーシャルアーチストに披露していただいた各国の格闘技をよく観察していただいて、ひろい武道、武術、武芸、兵法観を養っていただきたい。

　聖書にもこのようなことが記されている。「4000年前にヤコブがヤボクの渡しである人と一晩中相撲をとって、モモのツガイをはずされた」と。

　　　　日本体術のルーツ、高松先生が書き残された一部である。

◉第3章　世界のマーシャルアーツ

オランダ

オランダの護身術のイラスト

これはスウェーデンの弟子、ボームンテ君より送っていただいたものである。これ等の格闘技の古典画はこの他にも色々と残されており、その一部を紹介する。

ボー君は現在スウェーデンでマーシャルアーツを愛好する武友に対し、武神界の武芸を正しく指導する一人である。

この画はオランダの護身術を描き、その流れを説明されたものであるが、演武者は画を見てもおわかりのように貴族階級のものである。説明は加えない。画とその変化を楽しみながら格闘技の原点を探っていただきたい。この書物は1674年に刊行されたものである。

A

①

②

③

●第3章 世界のマーシャルアーツ

●第3章 世界のマーシャルアーツ

119

B

●第3章　世界のマーシャルアーツ

④

⑤

⑥

C

①

②

③

④

●第3章　世界のマーシャルアーツ

D

●第3章　世界のマーシャルアーツ

E

①

②

③

④

⑤

F

①

②

●第3章 世界のマーシャルアーツ

G

H

●第3章 世界のマーシャルアーツ

⑤

⑥

129

I

●第3章　世界のマーシャルアーツ

J

①

②

③

④

K

●第3章　世界のマーシャルアーツ

⑤

⑥

⑦
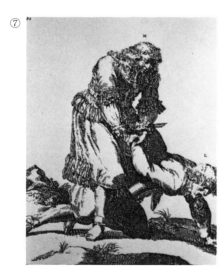

⑧

L

●第3章 世界のマーシャルアーツ

M

④

⑤

以上、ボームンテ君より送られてきた
ものである。

● 第3章 世界のマーシャルアーツ

揚心流伝書（著者蔵）

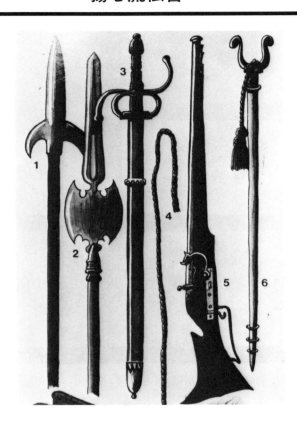

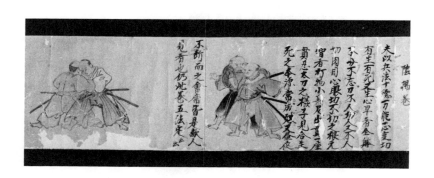

●第3章 世界のマーシャルアーツ

●第3章　世界のマーシャルアーツ

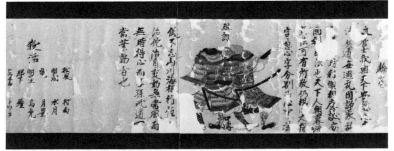

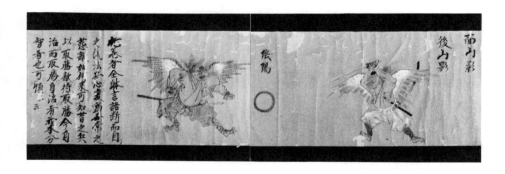

● 第3章　世界のマーシャルアーツ

　洋の東西を問わず、銃が発明される以前でも、剣は戦場では、余り効果的な武器ではなかった。日本でも銃が使用される以前は槍とか弓矢が戦闘の主役をつとめたものである。同じように他の国々でも銃が使用される以前は、弓矢や石投げ、長柄のついた兵器等、戦場で有利な物が用いられていた。日本の剣豪も戦国時代には必ずといってよいほど、戦場で有効度の高い槍とか長刀、弓術を使い分けたものである。

　その昔、ヨーロッパの剣豪達は、どんな感覚で生活していたのか。日本の剣豪と比較対照することも趣があるので、彼等の武芸を紹介してみよう。古くは、剣は刃渡り2メートル、重さも20キロぐらいが平均だったという。大きな剣を両手で持って振り廻し、突いたりたたき斬ったりするという。体力と体術を必要とされたものであった。

　16世紀頃は、貴族かまたは貴族を守る地位にあるごく少数の親衛隊というように、特定の人物しか剣を帯びることは許されていなかった。戦場等でもこの剣法を使用できる者をトップ・エルソルドナーと称し、最高の騎士、戦士と称され、日本でいう石高、サラリーも一般兵士の数倍も支払われ、主君と国旗を守る誇り高い騎士、戦士とたたえられていた。

　剣法、剣術も、国民の感性等によって、色々の方向へと年月の経験を生かして変わっていく。

　ドイツ地方の剣法は、剣の重量で相手をたたき斬るという方向に進んだため、剣の長さがますます伸びた。

　イタリア地方では、16、17世紀頃から、斬ったり突いたりして、フットワーク、日本でいう捌き型の一つだが、それも加わり、片手で剣をつかうようになる。今日のフェンシングへと、剣法が変化していった。こんなことからも、国民性をのぞくことができるものである。

誇り高き東西の剣豪

●第3章 世界のマーシャルアーツ

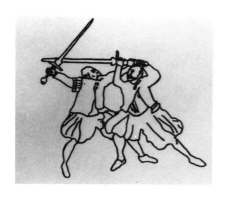

かつての日本の剣法は読者諸氏もよく御存知のようだが、その剣法の変遷となると御存知の方は少ないのではないか。こちらについては、そのうちに『秘剣』という本を私が出版するので、それを参考にしていただきたい。ヨーロッパに残された剣法の線画と、無辺流太刀合口伝の線画を参考にして、皆さんのイマジネーションを脳裏に写し出して、武蔵のいう剣法の夢を見ていただこう。そうそう、日本の戦国時代には、つわもの共は3尺以上の大太刀を振り廻していたのである。そこまでいくにはやはり体術が基本となっているということは忘れられない事実である。

●第3章　世界のマーシャルアーツ

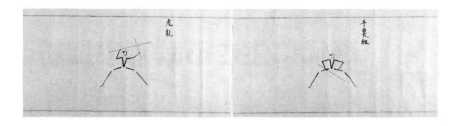

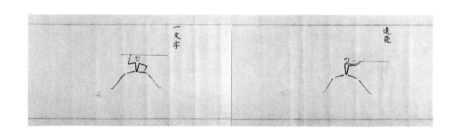

147

2 現代に生きる武術家探訪

●スウェーデン　ボームンテ君

　歴史あるヨーロッパの国々には、何等かの型で格闘技が生きていた。スウェーデンも例外ではない。

アンダースロー

サイドスロー

　ワルパという2キロぐらいの石を、アンダースローと左脇からサイドスローでステックに向かって投げる、投げ石の技術が残されている。スナックボックスという厚さ2センチ、長さ7センチ位のもので、鉄と銀でできている嗅ぎ煙草入れである。これを手掌に入れて第二、三指の拳の間から出して掌で支えるようにし、相手の急所をなぐる。　　　こんな型をしている。喫煙用具が隠し武器になるということは、洋の東西とも変わらないようだ。江戸時代の日本では、喧嘩キセル（キセルはカンボジア語）という大きな煙管があり、江戸奴は常にこれを帯びていたといわれる。

●第3章　世界のマーシャルアーツ

スナックボックスとその格闘技

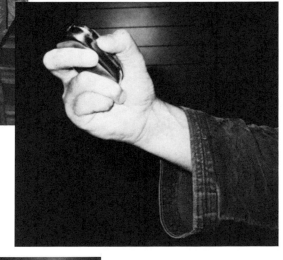

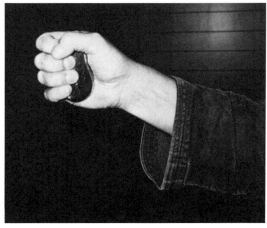

①

わが左側頭部を横振りに右スナックボックスでこようとする。

②

Bはボームンテ君
Hは筆者

B右拳をHは左手前腕で当てるごとく、

③

Bの右拳を流し左前腕を乗せてるだけにする。

④

B返し拳にくるのをHは左手でBの右腕を抱えるごとく、

●第3章 世界のマーシャルアーツ

⑤

Bのスナックボックスに右手当てる虚。

⑥

タイミングを計り、Hは体を前に落とすBの右大腿をHの左肘で打つ。

⑦

Bのスナックボックスをとって、

⑧

Bの足甲の急所を打つ。

アッパー型

①

Bは右拳下よりスイングしてくる。

②

Hは両手にて受け捕るごとくし、体の後ろ振り。

③

その体の反動でBの左顔をH右足拳にて振り打ち。

④

Hは表逆に捕りながら、体回転。

●第3章　世界のマーシャルアーツ

⑤
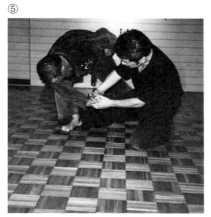
H、右足後ろにわが右足にて足場を逆わせ、

⑥

前倒して一転捕る。

返しフック型

①

B右拳にて打たんと構える。

②

B打ちくる。H入身しながら肩にかつぐごとく右手でガードしながらいく。

③

H右足を進めつつ、H右肘にて体振にてBの右顔面打ち。

④

H体変、Bの右腕を捕り、

⑤

Bの金的または内股をHの左足拳にて打ち上げ、

⑥

B前倒しに倒れるを倒れ打ちに極めつつ、

⑦

H、Bの顔面を捕り、首押さえにBの右手逆となる。H右足と左膝で捕っている。

●第3章　世界のマーシャルアーツ

●フランス　シルバン・ギャンター君

　フランス人のシルバン・ギャンター君は、世界各国の武術を修業している。そして、武術は何もやってないふりをして、私の門をたたいたのである。しかし……。

イチゴング。カンフーの一種であるが、この修業のエネルギーで体の悪いところを癒す。カンフーとは一つ何かをマスターしたという語になっている。

カンフー

武器を使うカンフーの構え。

石を両手掌に乗せてハンマーでたたき割らせる。気を出すと石は重く感じない。

フランス貴族の拳法・サバテ

Gは捕りのフランス人の
シルバン・ギャンター君
Yは村松達夫七段

パート1

① 上半身ボクシングスタイルに構える。

②

Gはジャブを出しながら左足にてYの出足を蹴る。

③

Gは蹴り足を落としながら体は回転させ、体の転力を利して、

●第3章　世界のマーシャルアーツ

　踊りは人間の本能であるというならば、マーシャルアーツも人間の本能である痛みのためキリキリ舞いをするマーシャルアーツ・ダンスは、ドイツの古語ダンソンから生まれたという。ダンソンとは伸ばすと解する時、相手を伸ばすという一語がマーシャルアーツとダンソンの虚実をにおわせる。

④
G、右拳にてYの側頭部に当て込む。
反転。

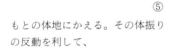

⑤
もとの体地にかえる。その体振りの反動を利して、

⑥
G、右足にてYの大腿上部を蹴り込身。

157

パート2

① 構えよりGが右足を蹴りに大腿部、膝下腿部と変化。

② G、上体の手のバランスで蹴りのパワーを強めていく。

③ G、右足着地左足にて調子捕り。

● 第3章　世界のマーシャルアーツ

　サバテのルーツは沖仲士が100年ぐらい前にフランスにもってきたことによる。どこから来たか、？だという。そして、それを貴族の護身術としてとりあげ、貴族のみのものとしてしまったと彼は語る。

④
G、Yの左右の足蹴り。

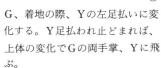

⑤
G、着地の際、Yの左足払いに変化する。Y足払われ止どまれば、上体の変化でGの両手掌、Yに飛ぶ。

パート3

①

G、ボクシングの構え、変化。両手掌バランスよく受け手左右に動かし、

②

左上げ受け舞いのごとくフェイントも見せ、

③

一転しつつ、

④

G、左右足蹴り虚実の体にて、

●第3章　世界のマーシャルアーツ

⑤
右足にて廻し蹴りにYの頸部を蹴込む。または、

⑥
Yの左手捕ることもあり。側頭部にいくも返し蹴りも自由。バレーのごとし、

⑦
または一転のままにYに蹴り込む。

> パート4

① G、蹴り込む。

② G、右足体変着地構え。

③ G、左足にてYの出足を後ろ蹴りにいく。

●第3章　世界のマーシャルアーツ

　イタリアの宮廷舞踏バレッチからバレーへ、そしてバレーはフランスの宮廷で花開いた。ゲンタール君の動きはバレーを舞うようである。

④
G、体変半転。

⑤
G、体変半転蹴り。

⑥
⑤の半転の蹴込みより大きく体の振りバランスを利してYに蹴込む。

163

パート5

① G、ジャブ。Y、反撃せんとす。

② G、Yの左足払いに出る。Y、返さんとす。

③ G、体を低めバランスをとりつつ、Yの足を後ろ蹴りに当てる。

●第3章 世界のマーシャルアーツ

④
①と同じなるも、G、ジャブを放ちつつも機を見る。

⑤
Gは右手にてYの左拳を外よりガードしつつ、その左足に右足を蹴りがかりにみせ、

⑥
G、ヤジロベエーのごときバランス力を生かして、Yを強くキックする。

パート6

① G、ジャブにてYの顔面を捕りながら、

②

G体、Y体に転回しながらガードしつつ、右肘拳にて捕りつつ、

③ Gは体振りと肘の力でYの頸部でも側頭部でもよし、当て込む。

●第3章　世界のマーシャルアーツ

　能の意味は技のことである。歌舞伎は陽気に騒ぐと解く人もある。西崎　緑さんという舞踊家が、空手の型を舞踊化したことは有名な話しだが、日本の武道の動きが現在は何かチントンシャンのリズムに同調し過ぎているようである。サバテは裸足で踊るイサドラ・ダンカンの情熱を感じさせてくれる。お国柄によってその舞踊とリズムの動きがマーシャルアーツに同調してくる。

④
Gは肘でも前腕部でも肩でも拳になる。

⑤

相手との間隔を計り、その拳力を自由に使いわける。

⑥
Gは両手の開くパワーでも拳の方向をきめる。

167

●スイス　ステファン・チョップ君

　スイスのステファン・チョップ君が語る。
「スイスでは、銃は許可証があれば誰でも自由に持ち運べます。スイス人は日本人がゴルフに行くように、射撃の練習をします。また、スイス国民には兵役の義務があり、36歳までは毎年3週間行かなくてはいけません。格闘技はシュリンゲン、つまり、相撲みたいなものがあります。それから大きな石を投げるスポーツかな？　それが残ってます。スイスでは中世の頃、槍の名人がいました。現在のスイス人は、自衛の精神に基づく国民軍を持つことを誇りに思っています。
　フランスにはサバテという格闘技が残っています。手袋、グローブの小さいのをはめます。キックもあるけど逆技や投げわざはありません。フランスでは3万人以上、サバテの愛好家がいます。
　イスラエルではヒゲソリの刃、それをとって投げる術があります。
　スイスには昔、ウイリアム・テルがいたでしょう。弓や射撃の名人が多いです」

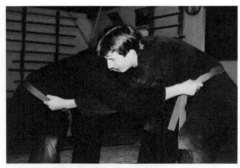

シュリンゲンはこういうふうに組んで、

相手の背中を地上につければ勝ち。しかし、僕みたいな小さい人間ではダメ。日本の相撲みたいに大きな人がやる。レスリングは両肩をつけると負けだが、シュリンゲンは肩を地上につけても負けでない。背中をすべてつけると負けになる。

　寒い国に生きるサンボ、何か寒い国の組打ちの一つのパターンを見る思いがする。

●第3章 世界のマーシャルアーツ

●ポルトガル　ロイ・メンドーサ君

　ポルトガルと日本、といえば鉄砲の伝来。今にしても日本で語られているが、ヨーロッパではその昔、魔女狩りが流行したために、女性がいなくなってしまった。そこで何万という日本女性が、ポルトガルに買われていった。

　奴隷や売春婦としてでなく、ポルトガルの子孫を残すために、妻として彼等は日本女性を迎えたのである。その血が現在でもポルトガルの国内には生きている、とロイ君は熱っぽく語ってくれた。種が島で銃が日本女性を呼んだ、その結び目の糸が遠い海の彼方に今でも継ながれている。ふと私は、その昔の日本女性の望郷の心が私の胸に伝わってくるのを感じたのである。

　ロイ君は語る。「初見先生の動きを見ていると、世界中の武道の原形が日本移民を原点として現在に残しているのではないだろうかと思われてくる」
「そしてまた、サバテが沖仲士が残していったものから育ったように‼」

1　カプエラのラボ　アラヤ　アマラド（蛸の足を一方がつかむその時動くその意味が含まれている）

受け手はY、アタッカーはR

①
Rは右蹴りにいく。Yはその足を捕る。

②
R、逃げるように体をうつぶせ、両手を地上につける。

169

③
左足を屈曲させて両手ごしにYをニコリと眺め笑う。この頭を下げて両手をつくポーズはブラジルでは自然体なのである。

④
顔面または頭部を蹴り当てる。

2　バリメントス（家を掃除するというような意味があり、足を払う技、または鼠が夜動く様子にもたとえられるという）

①
サンバ！　といいながら、陽気に体を踊らす。これが私の構えです。

②

オブリガードヘイヘイ♬　中国流に言えば笑拳なり。

●第3章 世界のマーシャルアーツ

③
踊り手を地上につける。これ、次のハイポーズ！

④
バリメントスバリメントスきれいに悪い奴を掃除しましょう！

⑤
足を払い捕りにからむかまたは払い飛ばす。時には払い折ることにもなる。

3　メドロゾー（恐がる技というのですが、実戦型。弱を示して強に出る戦略が秘められた、恐ろしいランゲージである）

①
Yの攻撃に対しRゴメンナサイゴメンナサイ、恐い恐いのランゲージを見せる。

②
恐れおののきのランゲージでRは地に伏す。しかしそれは恐地の構えなのである。

③
一瞬RはYの両足を捕り、狂血のサンバのリズムを呼ぶ。

④
RはYを引き倒し、左足蹴りはYの金的を蹴り砕く。

●第３章　世界のマーシャルアーツ

4　スペインのナイフ、シビア、テクニック。ジプシー（ジタノス）のナイフ・テクニック。（技としては悪いんだとＲは独白する。ボタンを押すと飛び出すポンテモラーというナイフを使う。ポンテは切先、モラは飛び出すの意）

① 右手掌から前腕に逆に隠しナイフ型に構える。

② 手首を返し、

③ 突く斬る。

④ 左手に衣類をまいて実戦の時は構える。衣類は楯の名残りであろう。兇器（狂気）を持った暴漢の攻撃目標を狂わせるために、目潰しにも衣楯はサンバのリズムで踊る。そして妙変していく。

173

5　カプエラの蹴り

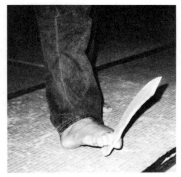

①
足の指または、足の先に細工した場所にナイフをつける。この写真のナイフは見せるために大型のものを用いたが、実際にはこの3分の1にも満たない短いものを用いる。

②
カプエラの廻し蹴り。

③

④
蹴り上げ。

⑤
カプエラのナイフ蹴りを知らずに手でよけると傷をおう。いかに体変術が実戦では必要か、またやたらに手を出すものではないという護身の教えが伝わってくると思う。

●第3章　世界のマーシャルアーツ

6　カプエラナイフ型

> パート1

①

Rは隠しナイフ型の構え。

②

R、Yの顔面に左手でヘヘイとフェイントをかける。

③

Y、左手で眼を捕ろうとする瞬間、Rの右手ナイフがYの側腹部突く。

④

R、突き斬りに極める。

パート2

① ヤーヤー笑顔でいきかう人もまた旅人なり、Yもヤーヤー。
お互に通り過ぎんとする映像

② すれ違いざま、Rは体を半転しながらパワーアップする。

③ R、隠しナイフでYのボディを回転突きにいく。

●第3章　世界のマーシャルアーツ

パート3

カプエラナイフ・テクニックも、リオ・デ・ジャネイロの近くのバイヤーという街で生まれた。

①
RはYの右脇を両手を組んで思案げに歩き過ぎていくランゲージ。

②
Rの思案歩きがYに対する死案歩きとも知らず、Yが通り過ぎる。

③
R一閃、ナイフ拳をYの背後より一突きに応変する。

パート4

① R、Y、向きあう。

② ヤホー、と前転。Y、クレイジー？

③ Y、Rの一転をみつめる。

④ Rは一転の体力と共にYの側腹部へナイフを突き込む。

●第3章　世界のマーシャルアーツ

パート5

①
R、ヤアヤア、グラッチェ、オブリガード、Y、ヤアヤア、グラッチャー。

②
R、隠しナイフでYの咽喉に突き込む。

③
R、または側腹部、胸部に突き込む。
または斬り込む。

ロイ君が「このぐらいしかナイフテクニックはありません。ですからどうしてもスピードとパワーに頼るようになってしまうのです。先生、ナッシング・テクニックを教えてください」という。「あったあった、まだありました」とロイが言う。

①
R、足にナイフ。ハハと笑顔で挨拶し行き交う。

②

R、通りすがる際、死角を見つけて、

③
R、Yの背後より右足ナイフ蹴りにて突き込む。

●第3章　世界のマーシャルアーツ

7　ルートダナバヤダ（ルールなきナイフ術というのだが、ブラジルのナイフによるゲームファイティングである。技の名前はない。）

1 テクニック

①
R、Y、お互に手首をタオルで縛り、一方を口にくわえて手の屈伸度をストップさせる。これは相手を突き込まないためである。

②
R左足前進しながら右足を左方向に後ろより転ずるごとく円を描きながら、

③
R、①②③で左足軸にして一転。Rは右足で相手の右足を外より殺しつつ、R、右手ナイフにて飜転突き。

感覚がシビアであり、すごくアマゾネスに近い技である。現在はこのナイフゲームは政府が禁じている。彼等はこのゲームで賭博をやっていた時代もあり、闘鶏のシャモの感覚を持ってその行為に出ている。シャモのルールのごとく、斬られて声を出した者が負けということになる。もち論、このようなことは民俗学的方面から彼も紹介するのであって、危険であるから絶対にまねごとでもしないようにと彼は言っている。私もこれらのルートダナバヤダをまねることは禁じている。

181

2 テクニック

RY相構え、1テクニックに同じ。左手はバンドの間に手をはさみ左手は使わないというルールにのっとる構えで相対する。

Yの左前方にR左足を進めながら、右手ナイフをYの右手ナイフを右に押しながら、

1テクニックのごとく左足転に半転潜型に体の半転力でYの右脇突き込む。

またはRはYの両足間をぬけるごとくして足極め。

またはYの右脇突きに極め、後転しながら体変し、Yを倒す。

●第3章　世界のマーシャルアーツ

3 テクニック

① サンバのリズムの構え。

② R、右手と体で踊る。ナイフが日の光を浴びて光る。

③ リズミカルに入身、後身の体変。

R、サンバサンバ、カモンカモン。

Yの突きにRラララーサンバーと引く。

⑥
R、体ビヨヨーン。Yの頸部アタック
Y「ギャオ！」

8 棒　　術

　ポルトガルの棒術は、右手だけで体と共に振り廻して相手を倒す。祭りには年寄りがこの演武を披露する。この棒術がうまくなると、1人で20人位は相手にできると彼は豪語する。

9 石投げ

　BC1020年の頃、イスラエルでは投石部隊を作り、その威力をいかんなく発揮したといわれる。ロイ君も皮で作った投石具づかいの名手である。バスコ一人もよく使い、フンダーともいう。

ロイ君、どんな蹴りでもOK。

ロイメンドーサ君を
Rとして、私はH

R、まわし蹴りにくる。H体変、左肘より前腕にて流水に流れながら、その水金に変じる理拳当てにも変化ままよ。

Hは右腕でRの右足を調子流しにいきつつ、Rの左足外よりHの左足添えながら気体に飛ばすか。

またはRの右足をHの右手体にて浮かしつつ、Rの左拳に添え左足にてRの左足に添え捕り、Hの膝または腰体にて体の無気力により変化していけば、

R転倒。HはRの右手をHの右足にて捕りRの左手は振り引きに静止する。R、Hの応変に浮気沈無。

◉第3章　世界のマーシャルアーツ

①

R君、何でもカモン。R、隙を見る。

②

R、横蹴り。Hは左足引き体変。この体変波のごとし。

③

連続してR、左蹴りにくる。Hは左腕にて上げ受け、網型に蹴り足を捕る。

④

HはRの左足を左肩に網足を担ぎ捕りのまま、浮波の体、R、浮き沈み溺れる。

⑤

HはRの金的蹴り上げにいきつつ、右足体左腕の変化にR体を波間に落とす。

187

●インド　アルV.T.マニ君

インドの武術を語る

初見「日本人は歴史的に見て、中国文化コンプレックスがあるんだな。兵法、文学や歴史、音楽にしても、シルクロードまでは何とかあるけど、その先がない。武術にしても、中国の武術コンプレックスを持つ武術愛好家が多すぎてね。またまた、これも孫悟空で、シルクロード止まりっていうわけだ。その先にインドっていうカラリの国があるんだと、日本をはじめ世界の人にも知ってもらうためにも、マニさんに出場願うわけだ。先ず、インド武術の歴史等からうかがいたいな*!!*」

マニ「インドの武術は、王様や武士の間で3000年から5000年の長い歴史があります。何故この期間かというと、56の王帝があり、これ等の王帝がいつも戦争をしていました。ですから、どの王帝にも武術があります。王帝の状態によって必然的に歴史の違いも生じるわけです」

初見「なるほど、武道の歴史を正確に知ろうということは、どだい無理な話しでね。日本で武道の歴史を研究していた先生が、武道の歴史を調べ抜いた結果、資料的に研究しても無意味だということがわかりましたよ、といってましたね。武道の歴史を正確に知ろうと思ったら、形式主義ではだめだ。自分で本当の武術を修業して、会得して、そしてそのフィーリングを第一として、初めて武術のルーツってものがわかるのではないでしょうかって話したことがありますね」

マニ「そうですか*!!*　武術の歴史は、自分で武術をやり、その生きた歴史の中で研究しないと、わからないというのは本当でしょう*!!*」

初見「マニさん、何人位の先生におつきになった」

マニ「はい、7人の先生につきました。ステックは、南インドの4人の先生につきました。カラリは、3人の先生で、バルマンムは1人の先生、シェランバンにもたくさんの流派があります。私は四流派を修業しましたが、場所によって技の特徴があります」

初見「インドでは、武術家をどんな風な眼で見ているのかな」

マニ「インドでも、武術をやっている者をよく見ておりません。なまじの奴が悪い方に使うからです。ですからあまり広く教えません。正しい弟子にしか先生は教えません。師から弟子に、または、お父さんから子供にという伝承の方法をとっています」

初見「武術界を秘密にするということが、やはり、本当の武術者を正しく社会的に評価させないということに一方ではなるんですね。私は、常に言っているんで

●第3章　世界のマーシャルアーツ

す。武術には秘密がない。マニさんも、私の武術はよく知っているように、盗めない武術ってことだね。わからない武術から秘密に入る本や映像や弟子に手とり足とり何十年も教えてもできない、わからない。透明というか、空間といおうか、"妙"って僕は言ってるんだけどね、妙技なんだな。だから極意をいくらオープンにしてもいいんだよ。但し善人にだけということになっちゃうんだけどね。日本でも、人間的で芸術的で平和的な正しい暴力を知らない人達が、武道アレルギーを起こしている。万国共通だね!! だから僕は世界的に僕の武術観も含めてオープンにしているわけだ」

マニ「それは、本当に大事なことです。私もインドで頑張ります」

初見「インド武術の本論に入りますか。先ずどのように、インドの武術は分類されているのかな？」

マニ「日本でいう武芸十八般とでもいうのでしょうか、あります。でも、大事なものがあります。初見先生が武術で大事なものは基本八法だとおっしゃるように、先ずカイアデムライというもの。これは無手素手で戦う技。クトワリサイといって拳の使い方による技、バルマバリサイといって神経を攻める技、急所ですね。そしてシルコオールというカイアデムライ、クトワリサイ、バルマバリサイ等を一緒にしたようなオールコンビネーション、この四つに分類することができます」

初見「なるほど。これは個人的な、まあ狭義の武術だね」

マニ「そうです」

初見「広義に分類すると、やはりインドでは王技からいくのかな。奥義を極める？（笑）」

マニ「はい、そうです。インドの武術は、王侯貴族、武士が修業したものですが、王様になるためには、四つの兵法を知らないといけません。もち論、前に言いました四つの格闘技もですが、先ず、象に乗っての攻撃法、この時、弓隊が先に出ています。馬の場合もあります。次に馬車、軍車ですね。この時、日本のナギナタのようなものや棒を持った兵が先に出ます。次に歩兵です。楯や剣、弓を持ってます。次に陣形です」

初見「軍略、兵法ってわけだね」

マニ「そうです。次に食べ物とか薬とか持ってる人が行きます。この他に、スパイもいます。スパイはメンタルな人間で、優秀でないといけません。そしてこのスパイはまた誰の命令で動いているかわかりません。スパイの主人は誰かもわかりません」

初見「でも、誰かを媒体として伝達するんでしょう」

マニ「そうです。しかし一人しか知らない」
初見「王様の所へ報告されるのには、一人また一人と、何人かを経て行くわけだ」
マニ「そうです。スパイは山の近くや海の近く、農民もいます。猟師もいます。砂漠に住んでいる人もいます。殺し専門もいます」
初見「日本の忍者組織にも似てるね」
マニ「それから、王様に忠実な武術の上手な人が、王様をガードしています。毒見役もいます。もし王様に不利なことがあったりすると、スパイとは限らず、舌を捻り切って自殺します。道場でもやはり優秀な人をピックアップして、その役目を果たせるような人間にしか、秘密のこと、技術等を教えません」
初見「本当!! 忍びは大事だね。一語言っても大変な技が武術には多いからね。秘密と武術についてこういうと、一般の人は錯覚すると思うんだな。武術には秘密がないといいながら、秘密の技術が多いってことをね。これは、本当のサバイバルの中に生きるんだという人にしかわからないことだし、武術の秘密論をわからせるまでは大変だ」
マニ「本当ですね」
初見「稽古はどんな風にしてやりますか」
マニ「はい。先ず、カラリの稽古ではクリカラリっていいまして、クリっていう言葉は深さを示す言葉です。深さ6フィート、縦60フィート、横30フィートの穴を掘って、3本の柱を真(しん)の線に建てます。そして、この穴の道場にココナッツの葉で覆いをつけます。道場に入る時は飛び降ります。道場を出る時は飛び上って出ます」
初見「ジャンプと着地の訓練になるわけだ」
マニ「ハイ、そうです。それから裸体に油を塗ります。道場の雰囲気は素晴らしいです。雨の中の雰囲気、サウナのような感じだけど熱くありません。涼しい。ベリーグーな風が入ってきます。農民達もそうですが、雨季には仕事がありません。雨季に稽古をします」
初見「礼儀については、どうですか」
マニ「大変大事です。神棚は上座のポールにかざります。先生はその下に座ります。弟子は右足を前に出しながら角形より楕円のように右足を出し、聖地に祈る意味で両手を地上につけて、その手で眼をおさえるようにします。座った時もやはりそうです。そして稽古をしますが、この礼の動きが攻撃型になっています」
　とその礼のランゲージと共に攻撃的、防禦的なアクションを示してくれながら、
マニ「日本の礼は危ない」

● 第3章　世界のマーシャルアーツ

初見「本当だね。礼の一方向として、日本の武道家は戦意なし、友好または尊敬のランゲージでもあるからね。でも、相手の攻撃意識というものは、名人になるとわかるというよりも避けられる。自然の妙実ってものがあるんだね。」

マニ「わかります。先生に教えられたフィーリングでよくわかります。5段の試験もそうですね」

初見「その通り。油を体につけるってことは、僕なりに解釈すると、重要なことが一つあるんだね。相手をつかんではいけないってことね。つかめばすべる。一つの技でいくのでなく無限空間の味ね。技の流れを知るためだと思いますよ。それに技を極めず流れに乗せるのだから、無意識な動きでないといけないわけだ。気流の動きっとでもいうかな、つかむという作業は、瞬間的に妙技を殺してしまうしね。インドの武芸の分布状態は？」

マニ「インドの南カンチなどは、武術の発祥地といわれております。南インドでは棒術をやる人が多いのです。中部インドではレスリングが多くやられてます。北インドではレスリング、ボクシングとか、剣や楯を使う武術が行なわれています。カンチはブッダカンチといわれるように寺町です。インドの本当の武術を知る人は少ないのです。杖を持った羊飼いのおじいさんなんかでも、シェランボンの名人がいます。都会のレスラーなんか、田舎や山の中へは行きません。実戦的な武術家にコロコロやられてしまうからです」

初見「マニさんに会ったレスラーは100年目だね」

マニ「はい、そうです。僕の家はアルブテイマニー・ダルマタッタの近くの武士の家柄です。ですからいつも男の武器を持っています」

初見「油を塗り固めた男の武器ね、わかるわかる。（笑）ところでね、マニさん、中国の武術について何か一言ないかな」

マニ「はい、中国の武道、シンガポールで会った人、ベリーグッドでした。全般的に見ると余分な動きが多いように感じます。それから型を重要視してます。インドの武術はサバイバルなものですから、そこのところに大きな相異点があるようです」

初見「日本の武道は礼に始まり礼に終わるという、ストップ優先の傾向がありますね。インド武術のように、礼の中に戦闘にすぐ変化できる心体の構え、その技がたくさんあるっていうことがらを知って、武道は礼に始まり礼に終わるっていうのなら、もっと自然なムービング、武道観も持てると思いますよ。江戸300年のサラリーマン武道観が、そういう方向付けにしちゃったんだね!! 体に油を塗る、そして稽古をするっていうことに関係して、もう一つ、氷の上を下駄で歩く修業

があリますね。忍法にはあるんだ」

マニ「はい、知ってます」

初見「忍び、これ空になるため、氷上を歩く訓練をするというなれば、体術修業し意識の伝達のベールが体に油を塗るってことだね」

マニ「何にでも深い意味がありますね」

初見「読者諸君にインドの言葉でわからないことがあると思うので、もう一度わかりやすく説明してください」

マニ「はい。カルは石です。バルマコールのバルマは神経とか痛所で、コールは短い棒のことです。カラリは武のことといった方がわかるかもしれません。マーシャルかな。バルマンムは急所のことです」

　ここで話し一変。

マニ「先生、インドの映画も指導してください。インドの映画は、世界で一番いい。お金持ちです。3時間の映画を3日間で作ります。」

初見「そう、台本なしのスピードだね」

マニ「でも、おもしろいです。テレビは一つしかありません」

初見「局は一つなんだね」

　同席していたアルナさんが、

「先生、インドだったらアルナが御案内します」可愛いい瞳が、インドの唄をかなでる。

　日本の映画産業に芸術という名を借りて金と時間をかけ過ぎる甘えを見る思いがしたのである。

●第3章　世界のマーシャルアーツ

私の武友の一人、アールV.T.マニ君。彼はインド武術のオーソリティでもあり、インド映画のアクションスターとしても有名である。

カラリファイヤット

マニ君の演武

● 礼

カラリパヤッツ
ヒンズー教の神が祭ってある。

●第3章　世界のマーシャルアーツ

坐　礼

① 坐す

② 手を交差して、

③ 両手を肩に置き、両手を床につけ礼。

④ 両手指先にて眼を押さえるようにして、

⑤ 手を出す。これは攻撃にもなる。

立　礼

① 合掌

② 右足で半円を描きながら、右前隅に出し合掌する。両手を地上につける。

③ 両手指先にて両眼を押さえる。

④：礼の残心の構えであろう。

●第3章 世界のマーシャルアーツ

●礼からの動き

M、Oの右突きを合掌のまま避ける。

マニ君をM、大栗君をOとする

M、体変しながら合手拳を自然に開きつつ、Oの右手を制していく。M、多変攻撃しうる。

Mは合掌より左腕振りにO拳を避けつつ、攻撃する。

Mはまた合掌した合掌拳のまま、体変と共にOの急所当て入る。

　もち論合掌よりまたは体中の変化時にもそのまま蹴り突き払い避ける。体変意のままである。

197

● カラリ

Mはマニ君
Sは受け方染谷君

①
Sの右突きをMは左手掌と右拳の間に
→前腕部を挟み打ちにする。

②
M右拳を半円を描きつつ甲側を拳とし
て→右腕急所を打つ→右腕はM左手に
て捕っている。

③
Mは右足前進させながら右肘の拳にてS
の右顔面に打ち込む。

●第3章　世界のマーシャルアーツ

④
M右足を金的に、または下肢上部に蹴り込む。その際Mの握り手左は引くようにしている。

⑤
Sは退がれるごとく体を引けばMの右蹴りは再度Sの右膝を踏み折るごとく蹴り込んでいく。

　カラリの、蹴りの変わっている点の一つとして体がいき交う時、後ろ蹴りのように半円を描きつつ相手の背部を蹴り込めるということである。すなわち後ろ蹴りが右足で蹴るとすれば、自分の左体脇に出る蹴り方に特徴がある。

①
M、Sの右突きを引き捕りに両手にていく。
MはSの変化に乗じて、

②
Mは右手拳にてSに当て込む。この
Mの拳の変化は円を返すごとく、
次々と打ち込む。

③
MはSの右頭部急所を捕りにいきつつ、蹴り
込みは2回、3回と行なう。蹴りのポイント
をかえつつ自由に返し蹴る。

　カラリの、蹴りの変わっている点の一つとして体がいき交う時、後ろ蹴りのよ
うに半円を描きつつ相手の背部を蹴り込めるということである。すなわち後ろ蹴
りが右足で蹴るとすれば、自分の左体脇に出る蹴り方に特徴がある。

●第3章 世界のマーシャルアーツ

① S、右拳、M、左拳にて受け打ち、

② M、左手掌上向きに半円を描きながら外に払い、

③ M、掌返しながらSの顔面を突き当て込み、

④ 次いでM、右拳にてSの右胸部を打ち当て、

⑤ M、体を返しながら左手掌拳にて同じくSの右胸部を打ち込み、

⑥ Sが倒れなければ④⑤の動きをくり返しアタックする。残心。

◉第3章　世界のマーシャルアーツ

　長身から繰り出す蹴りは、素晴らしいものがある。素晴らしい一つの蹴り型を紹介しよう。

① 行き違いに、

② 相手の後方から足を蹴る。足は蹴り刈られる状態にもなる。

③ 尾骨金的等の蹴り。

④ 背部の急所を蹴り当てる。

⑤ 頸部後頭部のダイナミックな蹴りもある。

●第3章　世界のマーシャルアーツ

ナイフ術

① 構え。

② O、右拳突いていく。Mは、左掌拳にて打ち変じ、

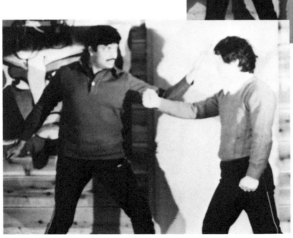

③ M、左拳反転にしてOに打ち込み、

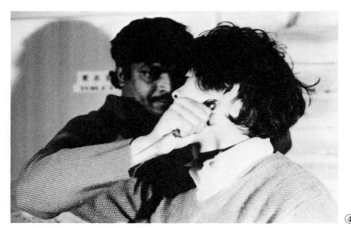

④

M、ナイフ柄の頭にてO左顔打ち返す。ナイフにてO頸部動脈を斬る。

⑤

Mは、Oの右腕折りにかけて突割りの構えにて残心。

●第3章　世界のマーシャルアーツ

① M、後方より忍び寄り、

② M、Oの左肩より後頭部を捕りながら、Oの右膝後ろを蹴り込みつつ、左手にて後方に引く。

③ Mは引き込みながら右手ナイフをOの全面喉にかけて斬り裂く。

④ Mは、引き倒しながら体変して仰向けに倒れたOを左手で押さえつつ、ナイフでOの胸部めがけて突き下す。残心。

シランバン

　棒術のことであるが、棒のことをカルムンギールという。カルとは石という意味で、ムンギールは竹という意味だから、硬い石のような竹とでもいうのだろう。日本では四季があるので、竹の春に相当する季節は秋ということもあり、初霜の降る頃より切るが、インドでは竹の質も違うので、60年位の竹の木を夏切る。そして水に入れ竹の木を水に叩きつけて、竹の素性をよくする。この時、竹の木は青である。次に太陽で竹の木が黄色くなるまで熱する。三番目には、特殊な藁を焼やして、節をとらないであぶり茶色にする。四番目として、ひもをつけた竹の木を水っぽい泥の中に黒くなるまで入れておく。五番目として、棒先へ薬草の液と孔雀の油を入れたビンを差しこんで、ビンを上に竹の木を立てかけておく。そして、薬液や油が竹の木にしみ込むようにするのである。六か月そのまま放置しておく。孔雀の油は竹の木が曲がっても折れないようにする作用がある。同じく藁であぶりながら乾かしたあと、つるして一層乾かす。

　この過程をふんだ竹の木は、弾丸も通らず、剣でも斬れぬ強い木に変化する。カルムンギールは真黒な金属のように輝く美しい棒に変化する。その棒を名人が振り廻す時、風を切る色々な音が発せられるのであろう。シランバンは風の音という意味だという。

　美しい女性の腕輪もまたシランバンというのだそうである。

棒一本の動き

　　一本の棒と共に、風のごとく、風車のごとく、体の変化と共に風が立つ。動きの間々に風のごとく体も転々とする。シランバンもカラリと共に風を呼ぶ。

●第3章 世界のマーシャルアーツ

体の変化と棒の変化をゆっくり見ていただきましょう。風を呼ぶまで。

① 構え。これ風。

②

③

④

⑤

⑥ 跳ね上げ。

シランバンは、後頭部ごしに風をおこす。

⑦

打ち落とし。

⑧

⑨ シランバンと共に体変。

⑪
風車が廻る。

⑩

⑫ 体と棒が風をおこし気流に乗っていくがごとし。

●第3章 世界のマーシャルアーツ

シランバンの一つの風技

①
S、棒を右打ち。M、体変と共にSの棒を左手で添え受け、

②

M、受け棒から体変し、左棒を手掌の調子でSの棒を流しながら、

②の方向を換えてちょっと間合をみてみよう。

Sの棒を落として押さえ、

④
M、棒を吹き上げ返しながらSの左顔面打ち。

⑤
方向換え。

M、棒体の骨法とともにSの右足裏に棒を吹き落として倒し、突いて残心。

⑥

●第3章　世界のマーシャルアーツ

① 棒を2本、両手に構える。

② その2本の棒の構えが変化する。

③ 相手の季節風に応じて棒が回らんとする。

④
風のごとく棒は回り、
体も風に舞う。

風はやむ。

インドのカラリの動きの棒が、武蔵の映像をかき消していく。武蔵流の体術は、高松先生の少年時代には、生きていたという。

武蔵の元流か。M君、二刀を構える。

●第3章　世界のマーシャルアーツ

鎖術　サンギリー　ターバンの術

　鎖をサンギリーという。鎖玉を投げたり、八字振り、逆すくい打ち、流れ打ち、からめ捕り、分銅を利用した痛み捕りや当て込みがある。
「インドでは分銅をマグネットにしてあり、ドアを開くのに使ったりお金を拾うのにも便利です」とマニ君は笑って言う。
　シランバンに続く同じ動きに武体を正しく動かす。武動の雷鳴を感じる。

サンギリーを両手に巻いたり絡ませたりした、カラリの体構。カラリの隠武器の動きとなる。

絡みをとれば分銅は風を斬る。シランバンの動きにも変わる。

215

このように片手で絡ませれば、分銅術と共に分銅だけの二段打ちともなる。

手掌に絡ませた分銅で打ち、鎖は手の防具ともなる。

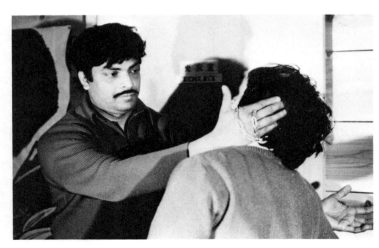

サンギリーにて
Oの左顔面打ち。

●第3章　世界のマーシャルアーツ

①
サンギリーを右手掌に握り隠す。

②
右手掌よりサンギリーが射ち出される。
分銅が飛ぶ。

③
体と共に四方、八方、天地、八字振、
逆八字振り。

④
体変と共にサンギリーは風を呼ぶ。

⑤
流し打つ。

⑥
サンギリーを両手に構える。2本のサンギリーを使うこともある。分銅と鎖と、分銅と体も。

●第3章 世界のマーシャルアーツ

ターバンの術カットカイカルとのルーツを探る

インド人は頭にターバンを巻いている。

①

日本でも『遠山の金さん』のテレビでも演じられているように、手拭いの術がある。縄の術、分銅の術にも同じ流れがある。ターバンを使ってナイフの斬り込みを巻き取ったり、打ち当てたりする。

②

ターバンを両手でしっかりにぎり、相手の武器を受け流しつつ顔面に右手を飛ばす。

③

入身と同時に、ターバンの中心で相手の鼻に打ちあてて握り、手で当てを入れる。また、入身しつつ右前腕部で相手方の急所に当て入れを行なっている。

④ 攻撃をかわす。

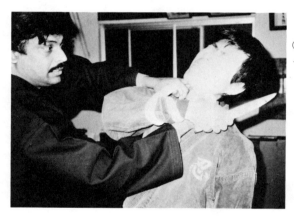

⑤ そして回し捕りから当て、

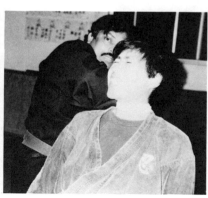

⑥ 締めにと変化し、引き倒す。

●第3章　世界のマーシャルアーツ

剣の術

構え。

実戦型の体構をうかがえるものである。スポーツ型の構えにあらず。

① Sはナイフ片手に右手突きにいく。Mは剣に左手を添えるように半転しつつ避ける。

② Mの剣がSの右腕を剣捌きに斬りつつ、Sの体にそのまま入身して剣を突き入れる。

③ またはSの突き込むナイフ前腕をMの剣柄頭にて打ち落とす。打ち払ったり、打ち上げたりもできるであろう。

●第3章　世界のマーシャルアーツ

④

Mは剣背にてSの頸部を打つごとく、入身して裏をいく実戦型の妙味がある。

⑤
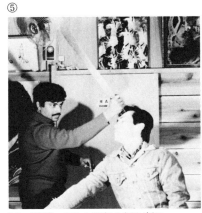
M、柄頭にてSの頭部を打ち割り、

⑥
体変と共に剣も舞い"千変万花"
体にのり体を柔軟にねじり、

⑦
ねじり返るパワーと共にSの残脚を一刀にて斬り離つ。
ウルミン

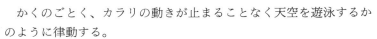

　かくのごとく、カラリの動きが止まることなく天空を遊泳するかのように律動する。
　インドでは、種類も多いその剣の特徴を生かしながら、カラリと共に剣法が生きる。

マニ「ウルミンといいます。意味は、稲妻の前におこる雷の音のことです。ウルミンは普通はベルトのように腰に巻きつけておきます。つばのないものもあります。ですからわかりません。ウルミンの刃の長さは3フィートから9フィート位のものもあります。刃も1枚から4、5枚のものがあります。ウルミンはインドの忍者が使います。

ウルミンを振り廻すと、少人数でも、たくさんいるように敵に思わせることができます。ウルミンの音、そして、ウルミンを振り廻した時の土煙やウルミンの閃光は遠くから見るとたくさんの人数がいるように見えるのです。もち論、大声も出しますから。ウルミンの刃の先に綿をしばりつけて、パームツリーの油をしみ込ませ火をつけます。そうして2本のウルミンを振り廻すと、20人位に見せることもできます。

ウルミンとウルミンをつないで、木と木の間を渡ったりもします。また、木と木の間にウルミンをつないで、走ってくる馬をひっかけて、馬の脚を切り倒したりもします。いろいろなことに使います。もち論、眼潰しにもなります。一度に4、5か所を切り裂くこともできる武器です」彼の演武は素晴らしい。無数の技術を誇っている。しかし彼は言う。「いくらたくさんの技を知っていても、型を知っていても、強くても、先生の武術にはそれが通用しません。それは技も型も強さも消えちゃっているんです。何だかわかりません。わからない大きな手の中にいるようです。そういえば孫悟空が仏様の手の中をかけめぐっていた話しがありましたが、先生の武道を何ていったらいいのかって質問されたら、この話しを引き合いに出して答えます。お釈迦様の手だって私はその手が欲しくてインドから一生先生の所へ来続けることでしょう」とにこやかに語ってくれた。

ウルミン

●第3章　世界のマーシャルアーツ

① 半立ち礼。

② 右脇構え。

③ 振り打ち。

④ 体変振り斬り。

⑤ 斬り上げ、斬り下げ。

●第3章　世界のマーシャルアーツ

二本のウルミンを背後に

① 隠れ構え。

② 振り上げ。上段。

③ はらい振り。

④

一転。

⑤

返し大払い。

⑥
体を地上にて翻転万化。多人数をはらいのける技。

●第3章　世界のマーシャルアーツ

"秘密の武器"はカラリと共に活動する

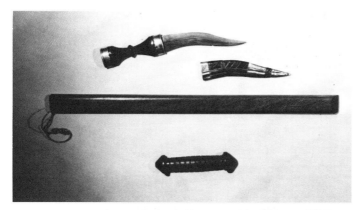

上にあるのはナイフ。中にあるのが大きなバルマコール。下にある小さなペニス状のものが小バルマコールである。

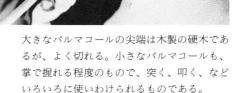

大きなバルマコールの尖端は木製の硬木であるが、よく切れる。小さなバルマコールも、掌で握れる程度のもので、突く、叩く、などいろいろに使いわけられるものである。

大バルマコールまたは棒を右手に構え、左手には小バルマコールを隠し持って、二刀影の構えを感じさせる。

229

稽古で語ろう

第1クエッション

マニ君「インドではこのようにアタックしてきます。それ等に対して教えてください」

① 見構え

H＝初見
M＝マニ君

②
M、ナイフで斬りかかる。
H、左手で浮け上げながらMの左手を捕っている。

③
H、右腰入身。右脚にてMの右膝内側を捕り振り押しに捕る。

④
Mは空間にあり一転す。Mの右急所捕りと右腕捕り。

● 第3章　世界のマーシャルアーツ

①
または第1クエッション①よりHは、Mの右腕を捕りながらMの左腕押さえ捕り遊び捕り。

②
Hは、Mの左手捕りのままMの顎を上げ打ちながらHの右膝にてMの右膝風押さえ。

③
Mの両腕を引き捕り型に風変しつつ、Mの右足竜巻き捕り。M、空間。

④
Mは風道に風転し倒れる。H、空にMを全体を覆う。

第2クエッション

①
H、「さあいこうか、何でもよろしい」M、右上部より斜め切りにくる。

②
H、風身。Mの右手を軽く押さえるというより添える。

③
Mの右肘逆と体が前倒れ型となるのを、Hの右膝支点に浮かす。蹴りあたわず。

Hの風転によりMは風倒しに伏せる。足と体、手共に風圧に捕らる。

④

●第3章 世界のマーシャルアーツ

第3クエッション

①
M「先生の後ろからのどをつかみ捕りにナイフ片手でいきます」
H「OK」

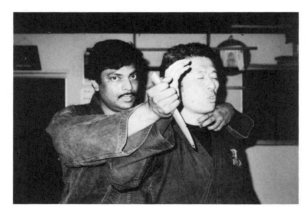

②
M、後方よりナイフで首をかき斬りにくるのを、H、軽く右手で止める。

③
H、その反動で肘でMの手を押すごとくしながら首抜けにいきつつ、

④
Mの右側にすきま風のごとくHの両腕と体の柏手でぬけつつも体捕り。

⑤
Mの左手と、右肘の逆を捕っているHの足腰が空間でMを捕っている。

⑥
Mたまらず空中に浮いたまま風転する。HはMの右腕左腕捕り。

⑦
M、動けばHの右肘止め、体止めと風変。

●第3章　世界のマーシャルアーツ

第4クエッション

①
M「こうしてきたらどうしますか」「即」。

②
H、Mの左脇に沈み突風体変。Mの左脇捕りつつ右足にてMのナイフ捕り。左足も風車打ち。右手刀は受け抱に当たる。四点五体に飛ばす。

第5クエッション

①
M「こういきます」首締めにくる。

②、H、両腕を張るようにしながら、Mの顔面を頭打ちに一転。

③
Mの右腕を左手で右小手、右手にて肘折りにいき、

●第3章　世界のマーシャルアーツ

④
H、瀧落としに前に転倒する。Hの足はMの両足を浮かしている。

⑤
M転倒。HはMの右足と右手を捕り遊ぶ。

⑥
M、動かんとするのをH、拳圧で制す。

第6クエッション

① M、両手で首締めまたは胸捕りにくる。ナイフを右手に持つつかのま、

② H、入身に右手環拳にて頸部を打ち上げながら、

③ H、右肘でMの胸骨折りに出ながら、左手でMの右手捕り。

●第3章　世界のマーシャルアーツ

④
H、体振りと同時にMの首急所を開き打ちに極め前屈させる。

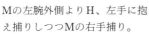

⑤
Mの左腕外側よりH、左手に抱え捕りしつつMの右手捕り。

⑥
H、左膝にて拍子振りにMの足折り取りにいきそのまま体おさえ極無(きむ)。

第7クエッション

①
M「ピストルでこうきたらどうしますか」
H、Mの銃身を軽やかに親指ひとさし指にそえ、

②
体変と共にM、ピストルを反転させる。銃口Mに極まる。Mは自分で引き金を引くことになる。

③
Hは左膝にてMの右足捕りに振り込み、

●第3章　世界のマーシャルアーツ

④
M、動ずればH、手刀拳にてMの二の腕を打ち込みながら空振り体にて、

⑤
M空間で一息する時、Mのピストルを逆抜きに捕り、

⑥

H、Mのピストルを左手で捕ったまま左足でM左足を捕り、右手にて右手を捕り空間に遊び、

⑦
Mの気変に応じる時、Mは一転転倒する。Hは、両膝にてMの体を捕りつつ右手にピストルを左手をそえに気捕り、残心。

第8クエッション

①
M、ピストルで捕りにくる。H、銃口を背中で押さえ抜け、

②

M、体を後方に抱え浮きに捕りつつ、Mの右足をHの左足にて底捕りに泳がせ、

③

H、右に体変しつつ、Mの右腕外側より蜂渡りに一転し、Mの右手を浮かしつつ、左手はMの左肩を引き廻し脱力。

④

M、転倒し、ピストルの銃口はMに向き捕りしつつ小手逆に迷わし遊技する。

●第3章　世界のマーシャルアーツ

⑤
または①よりMの右抜けに抜きつつ、Mの右足捕りのまま。

⑥
一転、Mの右側に抜け、潜型にMの足体右手を捕りつつ浮き身に泳がせる。

⑦
M、一転するのを、Hは右足でMの首折り右腕折りに捕る。

第9クエッション

① M、右手のピストルをHの後頭部に捕る。

② H、銃口右側頭部にずらし捕り、左向けに一転しつつ、M、左手を肩捕りとM右手を左手に捕ると同時に、

③ Mの左手前腕にて浮き上げに捕りつつMの右手を逆捕り。Hの右膝にてMの左足捕りのまま左渦形。

●第3章　世界のマーシャルアーツ

④
Mは投げる逆にピストルを落とす。Mは逆捕り、浮き渦巻投げに横倒し、Mの左手をHは右手で逆押しと両手押しとなる。

⑤
Hはピストルを左手に捕り残心。

　いずれもそうだが、私はこの写真を通して、マニ君の質問に対して体で答えたランゲージであることを見てもらいたい。

初見「マニ君。初めて僕の所へ来た時はどんな感じを受けたかな」
マニ「はい。始めて先生の所へ来た時は、川しか見たことのない人間として来ました。海があるということを知っていましたが、見たことのない人はわからないでしょう。私の武道は川でした。ですから海のような大きな武道家が日本にいるというけど、海ってどんなものだろうなと思ってやってきました。先生にお会いして、海は素晴らしく大きいと思ったのです」
初見「ありがとう。日本には"我れは海の子白浪の……"っていう歌がある。やっぱり僕は海の子だったんだな（笑）」
マニ「私はインドで色々の武道をたくさんやってきました。本当にハードなトレーニングと大きなエネルギーの消耗と、固い固い長い道を経てきたのですが、エネルギーの消耗のない不思議な先生の武道に出会って、本当のエネルギーのやわらかさということが発見できたのです。先生の動きは、静止の時でもそうです。自然の法則の理解の上で、自然の大きなエネルギーを借りてそれを使っている、というのでしょうか、同じというのでしょうか、先生は何にもしないのにできているのには、本当に驚きました。それから、先生に学んで、五つのことを先生から教えていただきました。先生は言葉では教えてくださらない。しかし体と心の言葉がシランバンのように教えてくださいました」
初見「僕はね、世界合衆国語を使うからね。どうしても、口だけでは駄目なんだな。心と体を借りないとね。本当は語学がにがてなんだよ。頭がよくないから。男だから脚がじょうぶならいいんだよ」
マニ「（笑）僕の脚もじょうぶです。男の脚もです。（笑） 一つは、先生から、何事でも物を正しく見る、そのものずばりとるということです。二にアダプタビリティ、柔軟性です。どんな場合でも、それに応じられなくてはいけないという、柔軟性です。三にフレキシビリティ、心と頭のやわらかさです。四にクリエイティビティ、創造性のたくみなことです。五にマグナミティ、広い大きな慈悲の心、全部を愛するということです。先生は弱そうに見せているけど、内には恐ろしいほどの強さを持っています。他の武道家は、外だけ強く見せて、内は然々駄目です。私は、最初日本へ来た時、先生が自分の国のものを大切にしなさいといわれました。今はわかりました。本当に先生のおかげです。あれから18年にわたって先生の教えをもとにしてインドで教えました。現在は20万人の生徒がいます。軍隊や政府関係者も指導しております。先生がインド全体を導いてくださいました。ありがとうございます。先生が先生の武道はいつかわかるよといわれましたが、わかってきました」

●第3章　世界のマーシャルアーツ

初見「マニ君は素晴らしいインドの武術を持ってるんだよ。行きつくところは皆同じだよ。インドはお釈迦様がいらっしゃった国、素晴らしい国だね」

マニ「ありがとうございます。僕はいつも言ってます。いろんな先生に武道を教わった。しかし、先生はと聞かれると、初見先生と答えています」

初見「マニさん、武道家、格闘技者といってもいいだろう、僕よりもうまい人はたくさんいる。強い人もいる。素早い人もいる。パワーのある人もいる。それは形で現わせるんだな。計れるんだよね。本当の武道ってものはそんなものは余り必要としないんだな。フィーリングだろうか？　見えないんだよな。感じないんだよね。僕のものは感じさせないでしょう。争おうとする気を消し去ってしまうでしょう。僕の何かがね」

マニ「本当です。わからない。先生のものと私のものと比べると、こうも違います」と畳のところへ片手を置き、片手を高く上げる。

初見「技を出そうと思う、その思う時間だけ遅いんだね。いつもない時差とでも言うかな、考えても考えなくてもその行為自体、タイミングをはずしちまっているんだな。僕と稽古をやっていると、ある弟子が言っていたけど、一人相撲をとって自分でこけてるみたいだって。だから楽しいって言ってたけどね。わからないんだな。消えていると言うけど気得ているんだよね。だから、昔の武道家は摩利支天を本尊として武神ともしたわけだ。摩利支天経にこの天を「天女あり　摩利支天と名づく　大神通自在の力あり　常に日天の前に行く　日天　月天は彼を見ること能はず　彼れ能く日を見る　人の能く見ることなく　人の能く知ることなく　人の捉ふることなく　人の能く縛(ばく)することなく　人の能く害することなく　人の能く欺誑(ぎきょう)することなく　人の能く　其の財物を債むることなく　人の能く責罰(せきばつ)することなく　怨家(えん)に能く其の使を得られず」と説かれているんだね。どうかな。

マニ「先生は摩利支天様です‼」

初見「（笑）マラシテンだよ。（笑）"消える"とか"消せる"を仏教流に解釈すると素晴らしいもんでしょう。僕の武道は人生を楽天させる武道といってもいいだろうな」

マニ（うなづく）

初見「『平家物語』に祇園精舎の鐘の音は諸行無常をつたえ、娑羅双樹の花の色は必ずほろびる理をあらわしている、権力をおごる人もながくつづかず、みな春の夢のようにはかない、武勇のすぐれた者も最後はほろびて風前のちりのようだ、とイントロに書かれているけど、忍ぶ法則と消える法則を知らなかったから、彼

247

等は滅びたんだね。わかるかな」
マニ「はい。忍ぶ法則と消える法則。むずかしいです。先生の動きは川の流れに浮く花びらのようで、エネルギーが何か美くしく沸いてきて、やさしく抱かれてしまうみたいです」
初見「そうそう。摩利支天のやさしい女性のフィーリングかな」
　マニ君との語りはさらに流れ続いた。私は常に彼を尊敬する。そしてまた武友として愛している。

カラリとは何か

　それを知るために、マニ君が語る KALARI（カラリ）の基礎、そしてカラリの説明とカラリの先生の素晴らしい演武を見つめよう。

坐法＝半立法 THOLUTHU 及び ANGAM （アンガム）について。
　アンガムというのは型に相当するもので、18種ある。そのうち6種の武術は、何としても会得しなければならないものとされている。

　アンガムは継続的な正確で素早い体の動作と、特殊な、きびしい攻撃法とから成り立っている。
　体の重点を、高度・中度・低度に置き、四方八方に注意を怠ることなく、距離と時間を正確に促え、同時に、攻撃・突き・払い・蹴り等、腕と足とを間断なく使う技である。
　動作の柔軟性、目の鋭さ、体と精神のすきのない動きは、このアンガムによって養われる。
　アンガムを習得することなくして、武器の使用及びその技術を得ることはできない（ここで武道の根本は体術であること、その重要性を説いている）。

　一つ一つのアンガムには、100 に及ぶ動作がある。その内部的な深い意味は、弟子が十分に技術を習得した時に初めて教えられる。

　アンガムの最も重要な箇所は、攻撃をかわすというところにある。これはいかなる状態、いかなる立場においても即坐に実施されなければならない（次に説かれているように、武は護身（心）術であるということである）。

　カラリは防禦の術である。その目的のために、体と心と精神とを鍛えあげる術である。
　この術は、日本の武士道とも比較される。
　この特異な技術は3000年の歴史を持つといわれ、戦士達の間に、父から子へ、師から弟子へと伝承されたもので、この地方では、この真髄は秘伝とされている。
　弟子達は、自覚と自信を得るために、先ず、師や長上に対する会釈を教えられる。それから冥想、誦唱を学ぶ。

養生法及び油を体に塗ってのマッサージも教えられる（油を使ってのマッサージというのは特殊なもので、今日もなお、健康のため、病気治療のために使われている）。

アンガム・ヴァイタティ（武器を用いる技術）は18種ある。
1　AL VADI　長杖。5、6フィートある竹製の杖
2　MUCHAN VADI　中杖。3.5—4フィートの竹杖
3　SIRU VADI　14—18インチの短杖
4　VAL VARISAL　剣
5　KATTARI　単剣（短剣）
6　KATHU KATTARI　重剣（二本のもの）
7　KUNTHAM　槍術
8　ORUMI　ねじり剣。刃にねじりをほどこした長剣
9　MADIVOO　竹杖の先に鹿の角をとりつけた武器
10　OTRIKOL　象の牙状の武器。操作困難な武器である。敵の攻撃を避けるのを主とする。大事なものを持って動く意味があり、カラリの宝の動きと解してもよいだろう。
11　UTHA KODARI　各種の武器
12　KATHA　重い頭のついた鉄棒。インドでは古代の君子達はこの武器に熟練する必要があった。
13　THANUR SASTRA　弓術
14　SANGLI　鎖術
15　KAIRU KATTU　縄術
16　VARMA KOL　6インチの短刀。身に隠し持ち、機に応じて敵を打つ、武器。これは敵の急所を狙うもので、このわざは極秘とされ、最後に教えられる。
17　VEECHU KATHI　手裏剣5、6インチの鋭い刃の武器
18　KUTHU KATTAI　木、水牛の角、真鍮、銅、鉄等で作られ、金銀の装飾をほどこされたものもある。

これらの武器操作の訓練及びアンガムと同時に、弟子達はベルナガイ、ピディタムを教えられる。これは素手の防禦術である。

はがい締め、組みほぐし、投げ、殴りがけ、絞めつけ、とそれらから逃れる術である。単数によってなされるもの、多勢によってなされるもの、夜間、行なわ

●第3章　世界のマーシャルアーツ

れるもの、昼間行なわれるものなど、すべてにわたっている。
　弟子達は、上記の技術を習得したあと、救急処置、マッサージ、接骨技術、怪我の応急手当て、更に医療の知識なども授けられる。

　この段階に達して、初めて師は弟子を指導の助手として採用するまでに信用し、秘術とされているヴァルマの秘法も伝授する。これは108 課目ある。
1　PADU LARMAM　急所を打つ。
2　THODU VARMAN　急所にふれる。
　　KOLAI VARMAN　急所を殺す。
　以上は今なお、秘法である

　ワルアムを学んだあと、弟子はMARUGAIを教えられる。
　これは神経の攻撃への反抗技術である。
　この段階で、弟子は自然の真の姿、元素、鉱物、植物、薬草、毒草、それから医学の基礎が教えられる。更に、反対の強い自然の力と、それをいかに制し、対抗するかという実際的方法（THAMYAM）を教えられる。また、幾千の人々の動きへの対策、平和と戦いの力を教えられ、政治的な策略、統治力、機密をさぐる力、またそれに抵抗する力を教えられる。
　OOLAVU THOZHIL＝指導力、有材を適所に配する能力
　結合を樹立し、人と人との交流を成立し、安全のために情報を把握し、自分の強さや弱さを示すことなく、強く立ちつづける。

　真のカラリ師匠は、単純で善良な性格であり、人々から愛され尊敬される人物である。その人の中心的な教えは、人々を体も心も健康に導き、社会にも自然にも調和融合している。
　カラリ師匠は常に自然の友であり、永遠に自然の弟子なのである。

　武芸の宗流は、インド、唐(から)、日本へ。そこにザ・エンドはなく、ザ・インドのカラリが流れていた。

右がナラヤン氏、カラリの先生、カルナカランクルカル先生、アルビーティマニ

(1) RVT MANI
(2) Kalari Teacher
(3) Karu Nakaran Kurrukal
(3) Stndent Narayan

先生に対する礼は右足一歩前進すると同時に両手を地上につき体を前屈する。先生はやさしく手を生徒の頭にかざす。

●第3章　世界のマーシャルアーツ

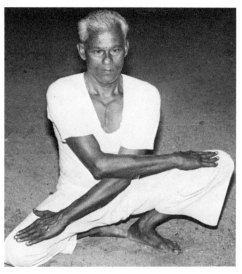

① カルナカランクルカル先生の演武。礼より始まる。

マニさんの礼の演武を参照されたし。

②

③ アンガム（型）の初めで18の楯を持った構え。

④ 動物の型をまねたブロックしての受けのホーム。

⑤ そしてもう一方の手で武器を持った動き。

そしてその変化。

⑦ 楯を持った体を落とし相手の足を楯で打つ。

●第3章　世界のマーシャルアーツ

楯と武器で相手の攻撃を受けて、

ブロークキック、即ち右足の拇指の所で相手を蹴り上げる。

一転ジャンプして、後変。このような動き、変化のポーズが100以上もある。

この受けの特徴は、いつも手をオープンにして開いているということである。そしてブロックは円を描く。

⑫ 構えから次の動きさえ武器を持っている時でも円の動作。

⑬ 戸隠流の一の構えにも似ている。

●第3章　世界のマーシャルアーツ

⑭
剣と楯を持った動作も、体術とともに変化していく。剣はワールという。楯はバリサーという。

⑮
想像の中でこの動きを眺めていこう。

⑯
上段よりの攻撃に対して……。

⑰ 棒と剣と楯の組手

⑱ カルナカランクルカル先生の体の動きを見ていただきたい。

⑲ 体の伸び、剣体一如。

⑳ 楯で棒を包んでいますね。受けてるのではありません。

●第3章　世界のマーシャルアーツ

㉑ にらみ合い、何か動物的な波長がありますね。

㉒ 体の伸長力で自然に棒を受け、棒を自由に流し包むような瞬間をとらえている。

㉓ 先生の棒の攻撃を、マニさんがガシッと受けてみた。

㉔
棒の構えの一種で、礼をする前の構えである。サラーバリサイ。

㉕
構える。

㉖
右足一歩前進棒打ち。

㉗
変化。

●第3章　世界のマーシャルアーツ

㉘ 体であげ受け、

㉙
そして入身したり変化に応じ相手の
棒をとれば、変化、攻防、蹴り込み、
飛び等。

　この棒先には隠しナイフが出るように作られていたりもする。そして試合の時
には棒先に真紅のベニが塗られており、相手の急所に当たったのがわかるように
されている。

㉚ マドウという鹿の角で作られた武器。

㉛ 十文字によける。このマドウは20歳位の鹿の角を用いている。

㉜ 十文字に受けて、巻き込んだり流して当てこみ。

●第3章　世界のマーシャルアーツ

㉝
十文字の構えのまま。

㉞
再度の攻撃。変化のこと、実戦では角の先に金属をつけ槍状にもする。

㉟
また、この先に毒を塗って用いる場合もある。

カタリ。短い刀、小刀の術である。

㊱

㊲ 体術と共に体の変化、天地を貫く。

㊳ そして捌き。

㊴ 潜り。

●第3章　世界のマーシャルアーツ

㊵
左手は常に我が心臓を守るごとくして、変化していく。左手ばかりとは限らず、これは腕、体の運びも心臓を守ることを心がける。

㊶
剣も楯のごとし。

㊷ 短棒術。そのへんに落ちている棒なら何でもよろしい。

㊸ 相手の攻撃に対しオープンにして左手でよけながら、短棒で足を打つ。

㊹ 攻撃をかわし、背部の急所打ち。

㊺ 一転。相手の痛み所を左手で押さえつつ、相手の右手肘打ち、または廻り込みと変化していく。

●第3章　世界のマーシャルアーツ

㊻
または相手の右手を前に押しながら、

㊼
相手の右膝横を打ち当てる。

㊽A
相手の手を写真のごとくにとる。
日本では鬼砕型という。

㊽B
そして前に引き落とす。

㊹ または相手の右手の腕力に抗せぬ時は、棒より手をはなし、相手の右手捕りと同時に相手の頸部を棒にて極める。

㊺ これは相手を崩しつつ攻撃するという特徴がある。ボンロック、ボディロック、ネックロックと多彩に変化する。防禦と攻撃一如ということになる。

㊻ 変に応じ、相手の前腕を左手で押さえつつ肘の力で相手をロックしていく。

㊼ カラリの先生は医者でもあり、やはり人体の急所を次々とたくみにとらえることができる。

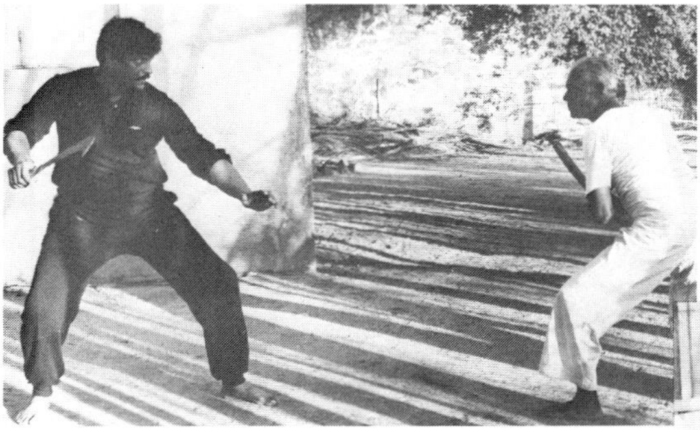

(53)A
シックル、田の鎌のこと。アルバール（インド語）シックルと短棒。

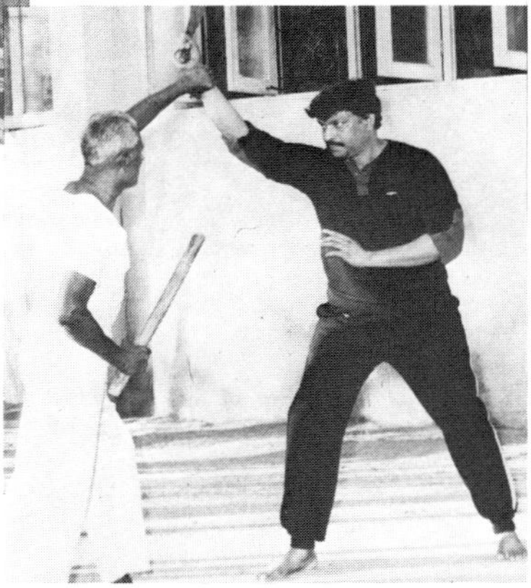

(53)B
インドではこの鎌を用いた殺人が多いという。故にこの兇器に対する方法を聞かれるという。長い鎌もあるという。

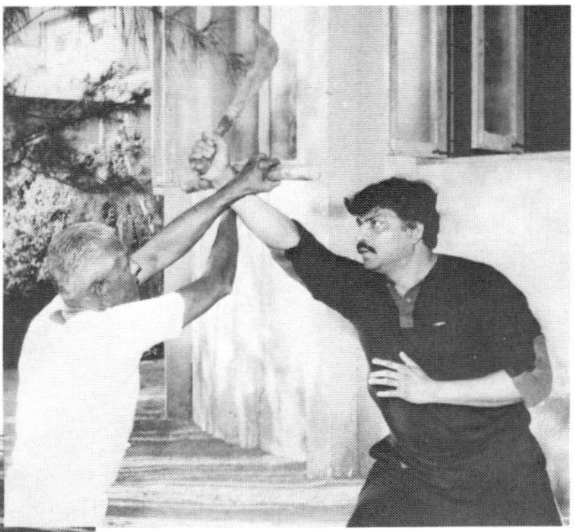

(54)
短棒で相手の右手を捕り、

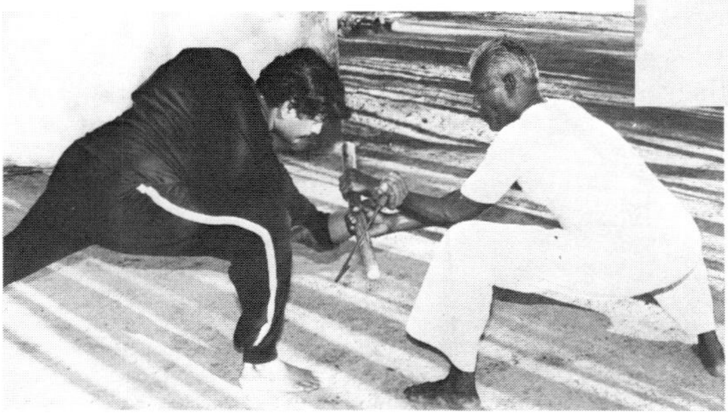

(55)
引き落とす。

㊻ シックルの攻撃を左手で捕り、表逆にねじりつつ神経をロックする。

㊼ もとにもどる残心であろう。

㊽ ㊻からの変化。棒を左手に持ちかえる。または棒を落としても無手の術を使う。右手掌拳の威力はすごいものである。

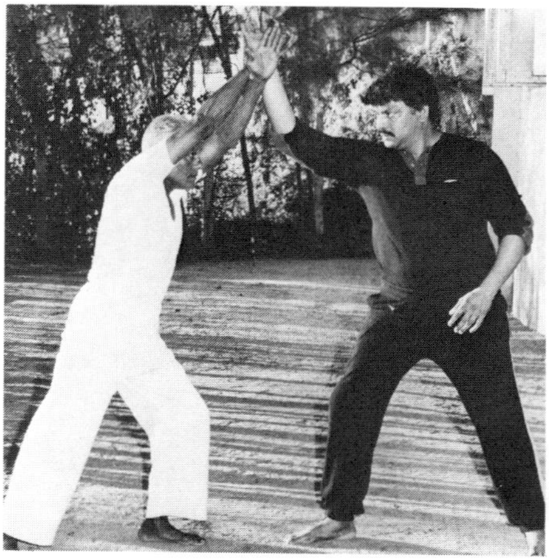

(59)
無手の術手はいつも開いてとる。また、砂をつかんでおり投げながら捕る法もある。

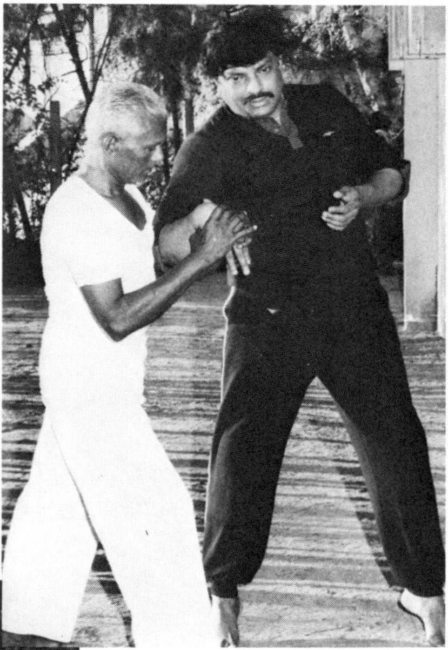

(60)
腕関節の逆。

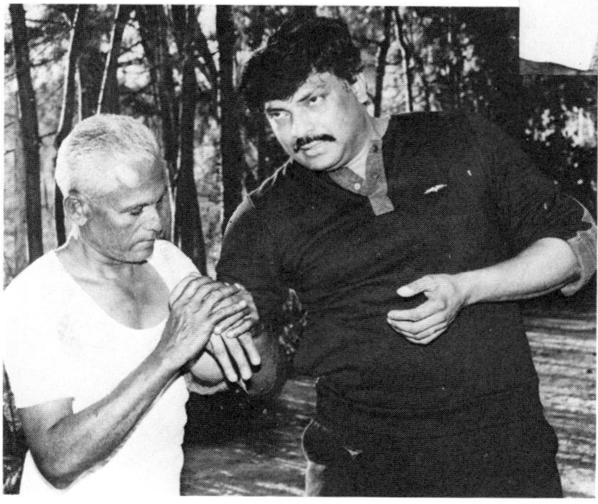

(61)
抱えて腕関節の逆もしっかりと体で捕る。

㉒ 右突きを左手で捕りながら逆にいきつつ、

㉓ 体入れ違えは自然と相手肘と肩関節腕関節も逆に極まっていく。入れ違いつつ相手の急所に右手拳が入っている。

●第3章　世界のマーシャルアーツ

㉚ シックルとマドウの変化。

㉛ シックルで切り込めば、打ち上げに受けて入身しつつ、

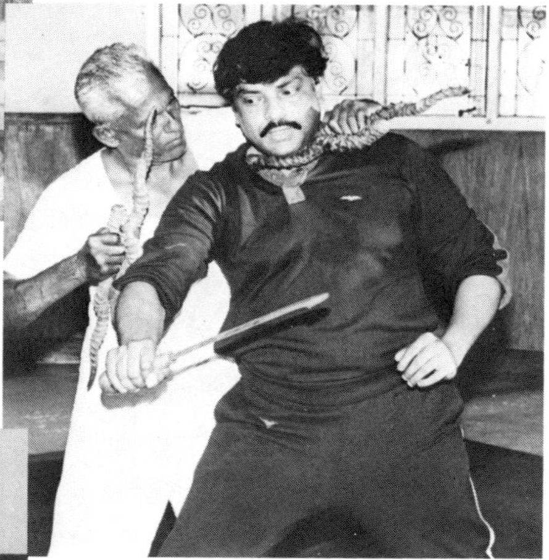

㉜ 相手の右肘をマドウで押さえつつ、相手の後ろに廻りマドウによる首捕り。

㉝ 相手が反撃に出れば、マドウは微妙に生きる。

⑱ 相構え。

⑲ シックルの攻撃をマドウで捕りつつ（これは肘の急所に当たりシックルを落とすこともある）、

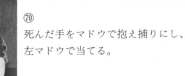

⑳ 死んだ手をマドウで抱え捕りにし、左マドウで当てる。

㉑ 右のマドウは相手の上腕の痛み所を締めている。

●第3章　世界のマーシャルアーツ

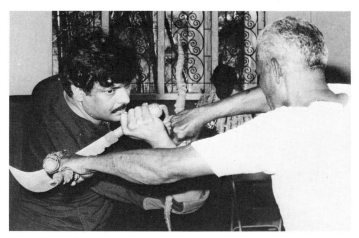

⑫　マドウの変化はシックルを自由に制していく。

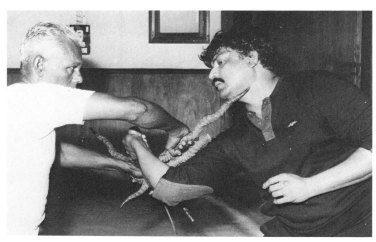

⑬　マドウの変化は意図することなく相手の急所を次から次へと捕っていく。

⑭ シランバン。

⑮

●第3章 世界のマーシャルアーツ

⑦⑥ ワットレコール、象牙を用いた武器。片方の象牙の意味である。昔は象牙を用いたものである。

⑦⑦ が、現在は木で作ったものもある。このワットレコールの動きは、高度な動きで、一番むずかしいとされている。直線でなくものにさからうでもなく、自然に流れるように生きもののごとく動く。

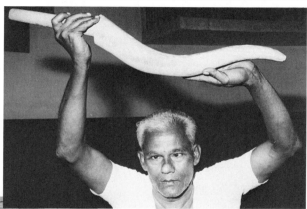

⑦⑧ 直線に出るごとくにみえて、直線の重心ではない。

⑦⑨ ケララのインド舞踊の人々はこの流れるような動きを大事にする。

277

常にとどこおることなく、スネークのごとし。流れる動きの妙がある。

どうけた動きの中にも真剣型の妙が生きている。弟子に免許皆伝の秘伝を授ける時が来る。カラリの過程の終了が間近にある。現在までの一人の弟子の中身は確かだったようである。彼は性格もよく、立派な人格者であった。釈迦も武芸の達人だったという。このワットレコールの伝承者でもあったのであろう。

大事な動きは大事な武器を捧げるかのごとくして、自由に生きる。日本でいう免許皆伝の巻物に相当するもので、武芸の許しとしてこのワットレコールを弟子に授けるのである。

●第3章　世界のマーシャルアーツ

㉘
体術にも色々ある。油を塗って稽古もする。

㉔
腕逆から体の逆へと足も使う。全身技である。

㉘
逆から首捕り。

㉘
常に二箇所以上のポイントを捕っている。首と肘と足を捕っている。

⑧7 これもそうですね。両手首、足、膝を捕ることがあるでしょう。

⑧8 膝で支えて相手の頭を捕る。秘めた動きがある。

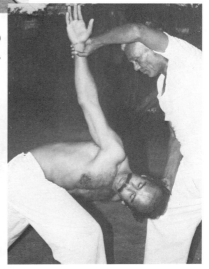

⑧9 手首、耳、そしてバランスを崩す。

●第3章　世界のマーシャルアーツ

⑩ 手で捕っているようでいて体でとってますよ。体を支えにしたり、

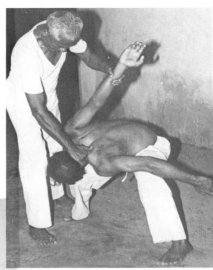

⑨ そして体を仰向けに捕りつつ、背折り、体の捩り。

⑫ 両腕捕りから締め。背骨足捕りと流れる。

㉓ 手で相手の逆をとり、手で引かず体を落として逆捕り。

㉔ 先生は自由に動く。大逆そして相手の足折り。捕るというより、引きがかりにそえている流れである。

相手の右手を捕れば相手の首を捕り、相手の左腕をわが右第二の足(大腿)にかけておき、手で引かず体のゆれで極める。

㉖ そして相手の首折りに背負いに遊ぶ。

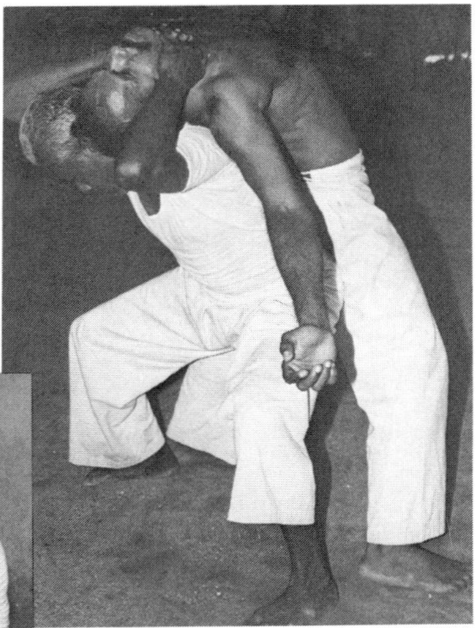

(97)
首折り、首締め、手で捕るというより体で極めていく。

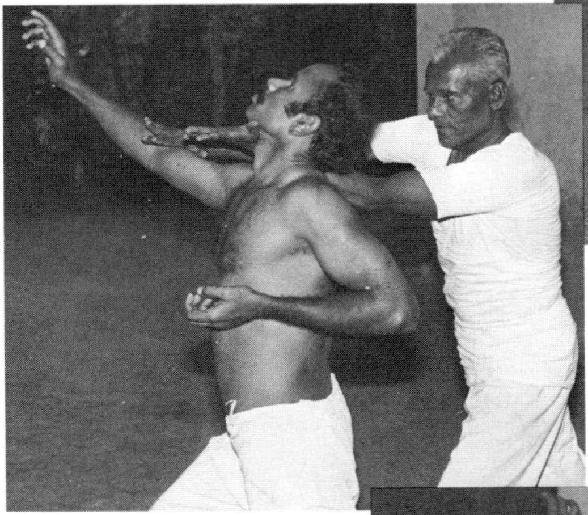

(98)
手拳で打ち払いつつも、

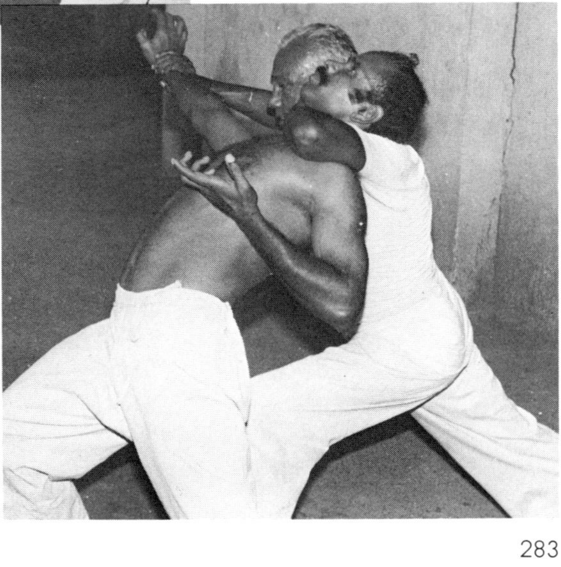

(99)
その拳は流れ、右手首締めに捕る。しかし、相手の左肘拳は空に流される体である。

⑩ 右手拳逆に捕る。調子をみて手で捕らず体のリズムでいく。

⑩' 円の流れは相手方も円に崩せる。円の中心にある右手自由に相手を廻す。

● 第3章 世界のマーシャルアーツ

マニさんの弟子バッサント君もカラリを修業している。

① 攻撃してくる両手で軽く支える。

② 師は左手を軽く握ったまま、流れるように変化する。次の攻撃より先に顔面に当て痛打することなく気を飛ばす。

③ 蹴り足も腰が崩され、捕られた師の両手でバランスを崩される。これを相手の技を屑(ジャンク)にしてしまうといった方がよいだろう。

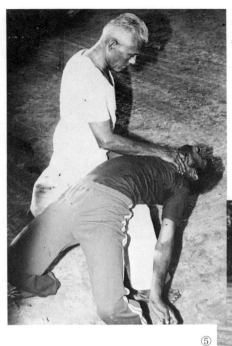

④
師は右手を捕ったまま相手の体を
屑(ジャンク)にして背折りに入身。

⑤
金的捕りと咽喉右上腕を
左手で捕りゆすり、

⑥
一閃流れるごとく両手
で相手の右腕を相手の
体を屑(ジャンク)にするごとく捕
り、

● 第3章　世界のマーシャルアーツ

⑦ 一転、相手に両手をそえるごとくすべらせながら、自由を制しつつ右腕を捕る。師は左足で相手の右足を気捕っている。

⑧ 一転、気流に合わせて、腕関節の逆と共に体の逆も捕る。

⑨ 入身。相手の右手をはなすことなく、というより相手の体を心技体であやつりつつ、といった方がよいだろう。右肘で胸骨当て。

⑩ 師引き、されど彼の体は生きず。
屑のままである。

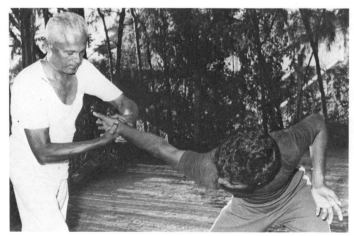

⑪ 流れる師、手体。

●第3章 世界のマーシャルアーツ

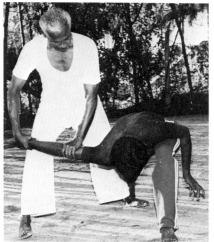

⑫ 相手の崩れに応じて崩れる動きで捕る。

⑬ 片手打ちに片手捕りより蹴り止める。

⑭ 流体は生きる。

⑮ 師は相手の右腕から体へと暗示的動きで廻し引くごとく、親指をかけてとる。

⑯ 波のごとく技が帰る。

⑰ 波に相手の体が乗る。

●第３章　世界のマーシャルアーツ

⑱ 波より彼の体を救いつつも、声はない。

⑲ 相手の右手を股間に流し、右足にて相手の右足を止めつつ、

⑳ 波にさらわれる相手の動きを救うごとく、左足で相手の右手を捕る。

㉑ 波にのまれて沈む。

㉒ 沈む彼に喝を入れる。

㉓ 浮かぶ。

●第3章　世界のマーシャルアーツ

㉔　波にさらわれて転倒。

㉕　波に洗われる。

㉖　もう一度洗って、

㉗　はい、助けよう。

㉘ どれ大丈夫かな。一転、
鬼砕きもどき逆体。

㉙ 足を櫓にして体でこぐ。

㉚
かしら
頭しっかりして。

●第3章　世界のマーシャルアーツ

㉛
方向をよく見ることだね。

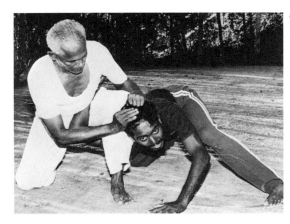

㉜
そうそう、よく見る。

　①から㉜までの一つの流れは、組手の一つの"味本(みほん)"として感じていただくために一つの流れとしてフィーリングを主体に筆を流してみたものです。これは素晴らしい動きです。インドの素晴らしい演武を披露してくださったカルナカランクルカル先生、マニ君、演武してくれた武友君、本当にありがとう。紙上を借りてお礼申し上げます。

　　　　　　　　　　　　　　　　　　　　　　　　　　　　　　白龍翁

●第3章 世界のマーシャルアーツ

但かみながらの術を彼等も見た

小林道場開きに湧き上がる赤影。

　私はここではあまり書かないことにする。"但かみながらの妙技"としか言いようがないからである。このような機会をあまり作ろうとしてはいけない。これは神を冒瀆することになるからである。そこで私は、経験した事実を書いただけであることを申し上げておく。まず、5段の審査より。

神ながらの神念術の第一の関門

①
5段の試験に見事合格する佐川巌君。神前にて神結びの決意、冥想に坐す。不動心の言(こと)。猛獣たりとも、人不動心なれば空間（食間に迷うという）に隔ちて迷うという。

②
宗家、上段無想の構えより神結びの光妙を送る。

③
宗家、気力一閃、閃光を送る。一刀気り下げる。佐川君は振り下る。一刀より先に紙一重でこれを避けて、神慮の術を会得する。当日の検視者、石塚・大栗・マ二君をはじめ15人同席する。

●第3章 世界のマーシャルアーツ

　世界大会を前にして、日本にやって来たドロン・ナボン君が、10月4日外国人としては初めての5段の審査に合格した。士道師連の稽古に汗を流す終盤の時、私が「ドロン君。ここへ坐りなさい」と命じた。

　彼は来る時が来たと、痛めた膝のため正座ができず安座の型で、従容として背向瞑目した。私は将軍木を両手に天道に構える。念波を放出し始める。彼は微動だにせず坐している。神意に通じるか、ドロン君の後頭部に打ち落とす。将軍木は空に止まる。ドロン君の後頭部があった残影に止まっている。ドロン君は軽く安座のまま横転した。見事、将軍木の一刀をかわしている。

　「おめでとう!!」と私が言うと、彼は妙実界に入り得た喜びを見せる。「おめでとう、おめでとう!!」と、5段の審査に立ち会った士道師のめんめんから祝福が贈られた。笑顔が並んでいる。大栗、瀬能、小林、野口、長登、斉藤、林、菅、イラン・ガテニオ等々である。

ドロン君の帰国パーティーの日、武神界の金メダルを贈る。

5段の免許を贈り、これを祝う。

⑦
心身一貫（高松先生画）

●第３章　世界のマーシャルアーツ

"オハイオの再現"

① 打倒の構え。ヘイズ君と私。

② 突き出す拳、空を斬る。

③ 側面より打倒の構え。

④ 空斬り。

世界大会に参加するために、ヘイズ君が来日したので、改めてその時の様子を写真に撮って、感想文を提出してもらった。
「先生が後方からのパンチを避けられたこと、アメリカでスポーツ武道ではなく、実戦に役立つセルフディフェンスを教える武道家は、生徒からロングレンジの急な攻撃をどうすればかわせるかと聞かれる時、その答えに困るという状態に置かれる経験がいくつもあります。短銃に始まるガン類は、アメリカでは一般的であり、家庭でも、1丁か2丁はあるというのが普通です。経験を重ねている犯罪人達は、近くに寄ればもしかしたら相手はセルフディフェンスの心得があっておどしがきかないかもしれないことを知っており、そばに寄らず、銃を向けます。遠い所から銃を向ける狙撃者や後ろから音もたてずに忍びよるアタッカーに対して、どう対抗するか。この質問は正直で誠実なインストラクターが一番恐れる質問であります。
　初見先生は、姿の見えない突然の攻撃者にどのように対処するのかと、武風一貫のもとに私に示してくださいました。オハイオで開かれた忍者フェスティバルも終盤に近づいた日の午後、200人の参加者の前で、先生は「いつでもいいから後ろから私をなぐってこい!!」と命令されました。その後先生は、参加者に向かって話しを続けられました。私の心が混乱したのは無理もありません。自分が先生をなぐる、そんなことができるものか？　もし万が一にでも、フルスピードのフルパンチが先生に当たれば、900年の歴史に終始符が打たれ、公衆の前には二度と出られなくなってしまいます。あざけりとちょう笑が聞こえます。
　日本で先生を守っておられる先輩達からは、どんなきびしい批判が向けられるか、日本語の達者でない私は、もしかしたら先生の言葉を誤解しているのかもしれない、先生はこの最後の質問が終わったら昼食を食べに行こうとおっしゃっているのかもしれない。それを自分が勝手に後ろから突いてこいと命令されていると思い込んでいるとしたら……。心の中での葛藤は続き躊躇の時間は永遠に思えました。気付いた時には、私の右パンチは先生の後頭部に向けて放たれていました。一瞬のうちにすべては終わりました。先生の膝は数センチ動き、私の放ったパンチは宙で障害物をなくし伸び切ったままになっていました。
　この光景を目の前にした観客達が、先生のこの不可能とも思える行為に驚嘆の声をあげたのはいうまでもありません。それを見た人でなければ、この話しはとても信じられないでしょう。後で日本で同じようなことをされたと聞きました。村松さんが後ろから先生を突き、今度は村松さんのパンチは宙に抜けただけでな

●第3章　世界のマーシャルアーツ

く、彼が何が起きたのか気付いた時には床にたたきつけられていたそうです。先生の後ろには201人の武神（九流派の歴代の宗家の数）がついており、こうした説明のつかないマジックのようなエネルギーを与えているのだと思います。先生は技を超えた境地におられ、弟子にしていただいた名誉を感じております」

　ある日、ヘイズ君が「先生の技は本当に深いですね」と言った。私は次のように答えた。

「技が深いと思ったら井戸を思い出しなさい。井戸というものは仏教では社会を表わす場合がありますが、深い技と思ったら先ず井戸を掘ってみることです。掘るという字体は、保る、保つともいえますね。武風一貫です。水脈を見つけると、流れというものがわかってきます。そうしてまた、夏冷たくて冬暖かな水温を感じるんですね。水温てのはイキに解釈すれば暖かい、気持ちよい肌、現代流にいって武道とのスキンシップかな。奥の深さってのはそんな所だね。男と女だって同じだよ。人間性だよ。人間性って言いつつ、人間の性をポルノだなんて言ってないで、〇を落としてホルこと、保つことだな‼」その瞬間を見た彼等の一部の名前を列記しておこう。

クリサント・サラス　アンドリュース・セントジョン　ピーター・クロコール　グレッグ・コワルスキー　ジョン・グリア　ベン・ワーレン　ジョン・クラグ　ダン・ジョンソン　バッド・モルムストラム　ケブン・ハリングトン　ラリー・ターナー　ジャック・ホーバン　スティーブ・ヘイズ　ラス・アードラン etc.

① 村松6段、後方より襟を
つかむふりをしながら、

② 後頭部を突き込んだ
瞬間、点が消える。

③ 自分の突き出すパワーに、
体が浮き上がり、

●第3章　世界のマーシャルアーツ

④
吹っ飛ぶ。

⑤

305

アメリカのオハイオでのセミナー中、ヘイズ君の後方より突き出したフルスピードのパンチを空間に泳がせた話しは、一応弟子達の間では信じる者と半信半疑の者がいた。そこで、柏の道場での稽古中、やれと言うと素直に技を出す。そういえば従順な青年のようだが、こと武道に関しては妥協を許さない村松７段。台湾、香港と、武道行脚をしてきた猛者をつかまえ、「いつでもよい。俺の後ろからどんな風にしてもよいから突いてこい。私のアメリカでやってきた証明のためにも遠慮なくかかってきてくれ」と命令した。

　その時の様子を、村松７段をはじめ、見ていた石塚８段、瀬能８段に、その実感を筆記してもらったので紹介しよう。先ず村松７段の記から。

　「背後より後ろ襟を握られた場合の取り方を学んでいる時、宗家が、つかまれた時も突かれた時も原理は同じであると説明され、また突いてもよいといわれた。私は、宗家の後ろ襟をつかむがごとく腕を伸ばし、宗家の後頭部に拳が二十センチぐらい近づいた。ここで突けば宗家といえども、とばかり間近より満身の力で拳を突き込んだ。「完全に当たる」と思った瞬間、時間も空間も消え、体が勝手にふわっと浮くと共に、吹っ飛んでいた。宗家は私に指一本触れたわけではない。ボーとしている感覚器感に「わかったか…」という宗家の言霊が響く。私は何がわかったのかわからないまま「ハイ‼」と答えていた。と同時に、ほつれた糸が解けたような気がして内から湧いてくる喜びをひしひしと感じていた。

　後日、宗家よりどう感じたかとの質問を受けた。確かに妙実（たいじつ）のおぼろげなる実妙を感じたのだが、どう表現してよいのか言葉にならない。そんな私に『大事なのは、度胸とフィーリングだからな』と師は話してくれた。空間の芸術ともいえる神ながらの妙実（じつ）を学ぶ幸せを、今更ながら宗家に感謝いたします」（村松７段記）

　「昭和58年５月４日、道場における練習の中で、村松君が先生の後方より殴っていった時のことについて、私なりにその時感じたことを思いつくままに記します。

　先ず第一に、村松君の突きはとてもスムーズで（スーというような）スローモーションを見ているようでした。突き終わった彼の形が伸び切ってもうこれ以上先には行けない、といった状態で、しかもその形がそのままその場所に止まっているようにも見えていました。その時、見ている者は一瞬「アッ‼」として（よい表現が見当たりませんが）、その所の空間（時）が止まったようになり、思わず私は皆の顔を見てしまいました。また彼の突きも一度突いて未だ当たらないので、そこからもう一突きをしたようにも見えました。

　そして、その突きの風圧が何か押すような、あるいは吸い込まれていくような感じにも見えました。何しろ練習中のアッという間のできごとなので、皆、あっ

●第3章　世界のマーシャルアーツ

けにとられてしまいました。

　米国でヘイズ君がこのような体験をしたことは、皆様も知っていることと思いますが、日本でも、このような実に貴重な体験をした人がいるということをここに報告致します。私は今だにその場の雰囲気みたいなものが何となく感覚として残っている次第です」（瀬能英夫8段）

「村松、後ろから突いて来い‼︎　と宗家が命じた。村松士道師が訊変(いへん)の構えから突いたほんの一瞬のできごとであった。初見先生が体を捌いたか捌かなかったか、ちっと動いたと思われる。その時、村松士道師の体は、まるでスローモーションの映像を見ているような錯覚を起こすほどゆっくりと前方に飛んでいった。まるで時間が止まったようだった。あまりに不思議なできごとに、皆、静まりかえって、しばしの間茫然としていた。

　しばらくたって初見先生が『これで昨年ヘイズ士道師が後ろから突いてきたのをよけた話しがわかったろう』と言われた。皆はただただ静かにうなずくだけだった」（石塚哲司8段）

遠当不動金縛りの術

私の修業中の、高松先生との対話スナップ中にも、身心不動空間に止まる気配を勘血することがたびたび私を襲い、その実妙にふれさせていただけたことがある。

高松先生

① 体構えにして、

② 染谷賢一5段、突き入ろうとする。

③ 一喝。

● 第3章　世界のマーシャルアーツ

「人間には足止めという術があるのでしょうか」という問いに対し、体で答えたことがある。
　その時の実感を、染谷5段に書いてもらった文章を招介しよう。
「昭和58年8月の暑い夜、武神館道場においてナイフ術の稽古中のことでした。相手がナイフを右腰に両手でしっかり固定し、体当たりで突いてくる（よくヤクザ映画等に出てくる突き方）のを捌きかわす稽古をしていた時のことです。先生が「めいっぱい、その体構えのまま突いてこい‼」と言われたので、捌く瞬間の感じを教えていただけるものと思い、体構えと同時にナイフを右腰にしっかりと固定し、左半身に構え、左足体前進、次いで右足を運ぼうとした瞬間、先生の裂帛の気合が道場中に鳴り響きました。と同時に、私の右足甲にナイフのような鋭い物が刺さったような感じがして、足が動かなくなってしまいました。その感じは、また棒手裏剣が的を突き抜く鋭い感じでもありました。
　頭から血がサッと引くのを感じ、眩暈がしました。先生に、「だいじょうぶか？」と言われて我にかえりました。今の遠当ては右足にかけたから動けなくなった、もし眼にかけたら眼潰しになったろう、と説明がありました」
と、その時の様子を記している。皆さんが小説や講談で見聞きした不思議と思われる現象が、実際に幻術（現実）となって現われるのである。
「先生。どうしてできるのですか、我々にもできるでしょうか」の問いに対し私はこう答えている。「さあ、それは私にもわからん。私はここ一番と思う時以外はこの実は用いない。これをやたらに使うということは、神を冒瀆（ぼうとく）する行為に等しいからだと思う。と同時に体術を会得し、その流れ行くフィーリングを会得すれば、体術が奇蹟を生むという師伝のごとく、神技、神通の空間、天国といってもよいだろう、そこに達した神意の閃きが返ってくるのであろう」と答えるのみである。

気合で浮妙

気押し

気尖

◉第3章　世界のマーシャルアーツ

気嚨

気飜

気引

気不動

　人間は気合で飛ばしたり、止めたり、不動にすることは可能である、と別記したが、その事実を肌身に感じ、味わった一人、間中文夫8段の実感を、彼のレポートにより紹介する。
　「宗家の真空切りと赤胴鈴之助の真空切り。昔、赤胴鈴之助から宿敵竜巻雷之進が対決した時用いた技が真空切りである。この技は、空気を渦巻き状にして相手に打ちかかるものである。宗家が先日、米国大使館道場に出て見せてくれた真空切りは、相手の突きに対し体を捌きつつ、バントの要領で手首を切るやり方であった。いっさい相手に触れることなく、体全体から出る「気」によって相手は手首のみならず、体全体に衝撃を受け、崩れるように仰向けに倒れる。同じ技で同じ人間を2回、もう一人の人間を1回、続けて3回も吹っ飛ばしたのである。
　この技を見て私は、武器を持っていても相手に触れることなく倒す、また確実に倒せる当流の奥義をあらためて知らされたと同時に、最近、私は技そのものがきわめて「下手」になったように思えて仕方がない。体が動かない。武道ネクラの状態にある。一日も早く「武道ネアカ」の状態になりたいものである」と彼はその時の実感を書き述べている。
　このようなことができる私でも、争そうものは滅びるの真理の句、師伝の"武心和を以て貴しとなす"の一句がいかに人類にとって大切であるかをかみしめているのである。

● 第4章

世界マーシャルアーツ大会

昭和58年10月26日、筑波山麓ゆうもあ村で、日本で初めての世界忍者大会を開催した。
　何故私がゆうもあ村を選んだかというと、武神館道場の武風はユーモラスなものである、ということを彼等に知ってもらいたかったからである。さらに、日本的な自然と、古びた藁ぶき屋根のストローハウスに彼等を招待したかったからでもある。
　世界から人が集まるということは、先ず食べ物から気をつかわなくてはならない。野菜しか食わない、牛は食わぬ、豚は食わぬ、一食主義と様々だ。また、国際感情の悪化している国民と国民のドッキング、人種問題をふまえた部屋割り等むずかしい作業を、女房がテキパキとやってのけてくれた。
　28日はオープンセレモニーに始まり体術。昼食。ナイフ半棒術。休憩。体変術。夕食。ラドン温泉に入浴。私のミーティング。
　29日は午前9時より体術。休憩。ナイフ術。昼食。体術。質疑応答。ナイフ半棒術。忍具の説明と紹介。夕食。宗家とのミーティング。
　30日は総合的格闘技の質問型式による指導。昼食。午後1時より各国から選手をつのっての演武大会を行なった。
　来賓を迎えて、太鼓を合図に演武の開始。アメリカ代表のジャッホーバン大尉とバード君の体術。勝負がつかないよ、という引き分け演武に教えられるところがある。イスラエルの双生児ニムロードとイタイ君の珍演武。頭をゴツンゴツンとぶつけ合って演武する。彼等は逆を捕っても普通人の3回廻し位の逆を捕らないと痛さを示さない。急所をめいっぱいなぐっても平気な顔をしてトレーニングを続ける。1日何も食べずに平気で働き、稽古も7時間以上やっているという。1000回投げられても平気の力持ち、ガールフレンドとも武道のためだとシャロンしてしまう若者もいる。ヨーロッパでその名も高いイラン君の演武が始まる。旅行者に装い、カメラ片手に出場。捕り手がアタックしていく。カメラのフラッシュで目潰し、一蹴りで倒す。マッツ・グルベルグ君が笑顔を絶やすことなく観戦している。彼曰く。「先生に教えていただいていると、本当に楽しいです。だから、僕は先生に殺されても、天国へ行ったとしても、楽しいから死んでいても、死んだのを忘れて、天国で稽古を続けているでしょう」と笑う。外国人の演武が終わる。
　日本人の各道場長以上の演武。延々と続く。日本色を豊かな演武。その迫力に一同魅了され、静と喚声の波が続く。私の無刀捕り、忍び居合、忍び槍、大太刀の演武で終了。一同、神器を片手に勝どき三唱して終幕。

●第4章　世界マーシャルアーツ大会

　美しい筑波の山々にはえた夕日が沈む。3日間のセミナーは、彼等にとっては天国のようだったという。そこで私はこう答えた。
「このセミナーの目的は諸君に形式を覚えてもらうために行なったものではありません。私のフィーリング、それは900年のルーツから流れ出るドリームのようなものでしょう。その夢を体の眼で、体の耳で、体の大脳で会得してもらうための妙技を紹介したのです。諸君が国に帰った時、私の夢を見ることでしょう。生ある限り、私の夢を見てください。その夢の中には、体術から生まれる真実の幸福をつかみとれる息吹がひそんでいるからであります。体術には真実があり、真実が妙実を生み、奇跡をおこしえるからであります。キープ・ゴーイング」
　セミナー中の彼等のマナーは驚くほど素晴らしくユーモア村の小橋社長も、「日本の旅行者は彼等に見習うべきである、本当の紳士淑女とはこのような方達のことをいうのでしょうね」と熱っぽく語る。パーティーの幕がひらかれる。私が語る「諸君、私と皆さんとで、人類の歴史の一頁とでもいおうか、人類と自然の平和を守るための、言葉だけでない、体と心で語りあった世界の平和会議を成功させることができたことを誇りに思おう。そしてこの行為を世界の人に語りつごう。心と体で語りつごう……」と。筑波山の夕日にはえる一人一人の武友の肉体から炎が見えた。これが聖火というものであろうか……。
　そして後日、このパーティーに出席していただいた石黒敬章先生、そして小山竜太郎先生、宗谷真爾先生のペンをお借りして語っていただいたのである。

① 遠い国からよく来てくれたね。ありがとう。

②
「今回ここで教えた技術は、すべて忘れて帰りなさい。武道は覚えると上達しない」

③

④
「感じだけを持って帰りなさい。それから心が大切である」

●第4章　世界マーシャルアーツ大会

⑤
アメリカを代表して先生にプレゼントですと。

⑥
私からもです。ありがとう。ありがとう。

シカゴのフレッド・デカバーク君。彼はアメリカのマーシャルアーツのナンバー１の先生で、柔道、空手、合気道、カンフー何でもござれの名手である。

①
ＦＤ君でＨの左胸を捕りアタックしてくる。Ｍ、左手で軽くＦＤの右小手に当て、体を低める。

②
呼吸と共にＦＤ君の右膝内側にＨの膝を当てながら、右肘でもＦＤの二の腕を捕りつつウェーブ。体でＦＤを浮かす。

③
ＦＤの体重心をはずして転倒。Ｈの右膝拳ＦＤの摧当て右棒倒れの反動右脇当たる。Ｍの右肘拳ＦＤの胸骨に当たる。

●第4章　世界マーシャルアーツ大会

　この動きは、拳できても、蹴りできても、逆投投げ技できても、それに応じられる動き。ナイフ術だけとは限られていない。

①
ナイフ術の骨は、自分が相手をナイフで突いたり斬ろうと思わないことだ。

②
また相手のナイフを見つめないことだ。

③
そして軽くいなしたら、右足で入身する。
相手の体は浮く。

④
突きを体で抱いてしまえ。

⑤
背中に流せ。

⑥
体のゆれで、空間を突かせろ。

●第4章　世界マーシャルアーツ大会

① デリンジャー君をこうやって首と手を捕ったの。

② 僕の右肘も首に入ってるだろう。足で拍子を捕るといやだろう。

③ 体変するとたまらないね。

④ 棒をすかし上げで目潰しに右棒いってるよ。

⑤
眼をつぶったので右手と右足を棒と僕の右足、右体で完全に包んじゃったね。

"棒も体術から妙実へと成長するものなのだよ。竹の子みたいにね。先生は花性竹性ということをよくいわれましたね"

⑥
さあ棒を変化させ右脇から入り込ませ、右肩で君の左体を捕ってるよ。足もね。

⑦
ちょっと歩けばいちころって、こういうことだ。

⑧
僕の棒と体でよく写真を見てください。体全体をおおっているね。

●第4章　世界マーシャルアーツ大会

⑨
足でころがし仰むけにね。人間っておもちゃになるでしょう。

①
ホーバン君、仰むけて捕ってね。逆に棒が入ってるから動けないでしょう。

②
ほら両腕と右足が極まってるね。

俺は野菜しか食わん。

うまく食べられたよ！

天つゆをライスにかけてホークで
食べるの？

●第4章　世界マーシャルアーツ大会

先生は私に対し武友といわれたことがこの頃わかったね。武の友と遊ぶ、プレイする、その心意気が極意なんだな。

①
突いてきたらちょっとかかえて鼻つまみ、出鼻をくじくとはこのことだ。

②
突きを肩で担いでやるのよ。

③
仲よくしようと肩を組んでね、抱き包んでるんだな。

④
右足と右手の使い方で、ほら倒れるよ。

⑤
おっと危ない。空間で抱き止めてやろう。

これがくせものでね。相手は空間にいるから身動きできず、全身が隙だということになる。

●第4章　世界マーシャルアーツ大会

　フロリダのジェフ・デイビス君は、警察官である。そして警察官は7年前からの統計によれば7％は自分のピストルを犯罪者にとりあげられ、そのピストルで殺されているという。

①
「ピストルを向けられた時、先ず体で銃口をさけ次に手でいく。これ常識」

②
「でないと射たれてしまうでしょう。それから銃身をつかまないこと。こうやってひっかけておくだけ」

③
「ほら、そして自由に銃口を踊らすんだよ。ほら自分で引き金を引いてしまうよ」

④
「ね、そして表逆でも何でもよい。銃口のさしずでころんでいくでしょう」

⑤
「ほら、銃口はジェフ君に向かっているだろう」

●第4章　世界マーシャルアーツ大会

ニューヨークの警察官、ジョン・デリンジャー君が言う。「米国の警察官における逮捕術は、ウェイトが小さい。犯罪者はすべて裁判にかけられ、めんどうがあり必然的に知らぬ顔の半兵衛になりやすい」と。

①
「射ってごらん、ほら」

②
「体が先で手が止まっていて手に引っかかる。不思議です。ひき金引けません」

③
「ジェフ、ホールド・アップ！」

④
「ちょっとギコチナイネ」手が先では駄目。

⑤
「腰と足が動かないと駄目なんだな」

⑥
「射ちなさい！ ほら、銃を取ろうとしないよ。銃口君、サヨナラだけだ」

●第4章　世界マーシャルアーツ大会

　ウイルリス・シェパート君は、ワシントンから来た。DC死の谷といわれる危険な所で働いている警察官である。そのためでもあろう、熱心にピストル術の練習を繰り返す。

①
「こうですが、違うようだよ」

②
「こうかな？」「さっきよりよくなったね」

①
「ジャック・ホーバン大尉殿さえ、射ってごらんと言いつつ乗せちゃおう」

②
「手首を返すだけで、ピストルがホーバン君への誘導弾にはやがわりだね」

③
「銃体でのど当て、声も出ないだろう。右手も捕ってるぞ」

●第4章　世界マーシャルアーツ大会

④
「体拳一致でいく左上腕も僕の右肘で押さえてるでしょう」

⑤
「バードやってみな。よくなってきたよ。だけどね」

⑥
「銃口にかかったら、自由に銃口を誘惑しなくてはね」

ジャック・ホーバン君は、海兵隊の大尉で、ジャングルワーファーのスペシャリストである。

⑦
「⑥から次に腕逆に入ってもいいですよ」

⑧
「足折りに出れば、前倒しになりながら腕は折れる」

●第4章　世界マーシャルアーツ大会

ミーティングで

「渡米した折、諸君よりいただいたシャツとハットだよ」一同喝さい。

真剣な質問にジョークで答える。

「恐怖心をなくすには？」

応答は続く。

セミナーも終わり

シカゴからサンキュー。ユアーマイベストフレンド。デカバード君フォエバー。一人一人の武友に終了証を手渡す。

アメリカの一行を紹介してくれてありがとう。眼医者のリチャード・グローデーン先生。感謝を表わす武神界の胴メダルをお贈りする。「サンキュー。たいしたこともしないのに光栄です」

おめでとう、バード。また一人、アメリカに士道師補が生まれた。

●第4章　世界マーシャルアーツ大会

「バード、頑張ったな」と私は彼を抱き上げた。彼は流れる涙もふこうとせず、幸福をかみしめている。

通訳、そして一行の世話をしたルミ子さんには、武神界より銀メダルを贈る。

このように、私の門をたたく外国武芸者は各々素晴らしいマーシャルアーツのテクニッシャンである。忍法の術の中に人心観破術というのがある。その一つに、相手から学ぶという、学武(まなぶ)の心構えを持てという教えがある。これを武芸者は忘れてはいけない。

　だから私は、弟子の高段者になればなるほど、先生になるなと叱咤している。先生になって安座したり、天狗になって高慢な態度で修業していると、素晴らしいマーシャルアーツを会得している彼等に対しマナーを失するばかりか、自分自身が天狗変じて"転愚"になってしまうのである。

　冬寒の火鉢を先生とかこんで師が私に対し、「初見はんは武友どす」と言われた暖かい想いがよみがえってくる。外国人の弟子はもち論、私は自分の門人を弟子とは思っていない。武友だと、ごく自然に思っている。また外国から来日して私の門人になった彼等に対しても、ユー・アー・マイフレンド　マーシャルアーツ・フレンドと、お互に、お国柄を誇る自分がマスターした格闘技を発表し合って研究し楽しんでいる。自分のものだけをおしつけるように教えてはいけない。さもなければ、知らず知らずのうちに、自分の視野を狭めてしまうことにつながってくるからである。

　私の道場にはサロンのようなムードがある。武道を修業する者に対して、苦しいこと辛いことがあるだろうが、道場へ来ると幸福だ、夢だと感じるものを与えている。"護身術"というものは正しく見きわめられないと、誤診術者として、武道の真理を見失うことになってしまうばかりか、人生まで見失ってしまうからである。

そして演武

ホーバン君の珍プレー。

●第4章　世界マーシャルアーツ大会

体　術

くノ一体術

変想術

体　術

くの一目潰し

如意棒

九尺棒術

くさりがま
鎖 鎌

●第4章　世界マーシャルアーツ大会

一刀斬り

太刀打ち

そしてパーティー

　パーティーは私の挨拶から始まる。レディス・アンド・ジェントルマン、日本で記念すべき世界大会を成功させていただいてありがとう。世界の人類は人間の本質と暴力の本質をよく知って平和を守ろう。平和を誓い合おう。

参議院議員倉田寛之先生より祝辞をいただく。

菊城流家元より花束をいただく。

● 第4章　世界マーシャルアーツ大会

筑波のお囃子チビッコ・ジンクルーパー達。

農民文学賞、中央公論賞受賞作家で友人の宗谷先生よりの力強い乾杯の音頭。

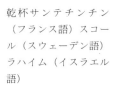

乾杯サンテチンチン（フランス語）スコール（スウェーデン語）ラハイム（イスラエル語）

倉田先生の義韻餅。

デガバード君のツルリ餅。

モチ（餅）ウマイデス。

●第4章　世界マーシャルアーツ大会

秋の夜はふけて。

想い出のサンフランシスコを歌う石塚8段。プロなみである。世界のマーシャルアーチストは驚きの余り、青い眼のスポットライトをともす。

皆で歌う。そして踊ろう。サケサケ徳利も空になり、身軽になると踊り出す。

バード君の奥さんはもとシンガーである。デュエットで『ユーアーマイサンシャイン』を歌う。

そのリズムに乗って、巨漢シカゴの武友、デカバード君が1人、2階のベランダでユーモラスに踊り始める。

剣豪作家、小山先生の餅つきは、先生のお人柄のように望月の構え。筑波は満月であった。

世界は一つ。

結び合う心。

● 第4章　世界マーシャルアーツ大会

世界マーシャルアーツ大会を見て

石黒　敬章

　私は武道に関しては全く無知である。が、初見氏に一文を乞われたのは、父敬七が柔道家であったからである。父は講道館8段（9段は靖国神社だからといって遠慮し、後に日本武徳会から10段位を贈られた）であり、空気投げを考案したことでも知られている。

　大正11年より10年間巴里に道場を開き、フランス、イギリス、ルーマニア、トルコ、エジプトなどに柔道を広めた。

　こんなエピソードが残っている。

　有名なパリのオペラ座での大舞踏会に、柔道のエキジビションをたのまれたことがあった。型や乱取りの相手を友人の藤田嗣治画伯に決めた。そして前宣伝に各社の新聞記者を招いて、柔道が何たるかを見せることにした。その取材で、父とフジタが柔道をやっている写真を一枚撮ることになったが、フジタは自分が投げられている写真はまっぴらごめんといいはった。そこで父は「大家よ、うまい法がある。カニバサミを掛けて撮ろう」というと、フジタ画伯は元来カニバサミがうまかったので「それがいい」と賛成、フジタが父にカニバサミを掛けているところをパチリ。

　翌日、その写真が大々的に巴里の新聞を飾った。大家は颯爽としてモンパルナスに現われたが、会う人悉く「お前の負けている写真がでていたよ」と言われ、最初のうちは「あれは、俺が勝ったのだ」と説明していたが、余り多くの人に言われ、とうとうフジタが負けたということになってしまった。

　カニバサミというのは横になって掛ける技であり、下になっているほうが勝っているのであるが、柔道など、初めてお目にかかるフランスの人達は、倒れているほうが負けと見るのは当然である。父は柔道の試合以外でも、粋な技を掛けていたと感心してしまう。

　強さということになると、父はそれを全く感じさせぬ人であった。「強そうに見えたらまだ修業が足りない」という意味のことを初見先生は言われたが、今思えば成程とうなずけるのである。

　世界マーシャルアーツの大会を見てもそうであった。肩意地はった力強さでなく、臨機応変な自然流を私は見たように思う。実際にはできもしないのだが、私達にも容易にできそうな身のこなし、無駄のない動きが武道の本質のように素人なりに思ったのである。木村伊兵衛氏の写真を見て、熊谷守一画伯の作品を見て、

私にもできそうだと思ったのに似ている。

　柔道は今世界的になった。父もその一助を担っており、非常に喜ばしいことである。しかし、オリンピックの金メタルなどに目先を奪われ、武道の本質を忘れ始めていることを私は懸念する。日本古来のものは、武道にしてもお茶にしても歌にしても精神（こころ）を大切にしたはずである。その作法を通して相手の器量を読みとることさえできた。スポーツ化していく武道にはそれが失われていく。「無心而（にして）自然之妙に入り、無為而（にして）変化之神を窮（きわ）む」これは勝海舟が嘉納治五郎師範の青年時代に贈った言葉だが、父が好きでよく色紙にしたためていた。

　初見先生の武道を見て私が何となく理解し得た気持になったのは、実はこの言葉を憶えていたからにすぎない。真にこの言葉通りのマーシャルアーツであった。

　海外旅行をする日本人は、よく「カラテ」「ジュウドウ」と呼びかけられる。私はそのうち、「ニンジュツ」と呼びかけられることを願っている。そしてこの忍術はやはり武道の精神をいつまでももち続けていてほしい。それができるのは初見良昭氏をおいて他にない。

(ゆうもあくらぶ理事)

石黒敬七先生と筆者。

石黒敬章先生とそのお子さん、三代の交友。左は菊城流家元。

●第4章　世界マーシャルアーツ大会

武道史にない画期的な大会

小山　龍太郎

　日本の武道も忍法も、国内でさえ正しい理解をされていないのですから、世界で誤解や偏見をもたれているのも、あるいは当然なことかもしれません。

　そうした現況のなかで、宗家の初見先生がマーシャルアーツ指導のためアメリカ修行され、さらに今回、世界の武道家を集めて、第一回ザ忍者世界大会を催されたことは、これまでの武道の歴史にない画期的なことで、有意義な行事だったとおもいます。

　紅葉のゆうもあ村で、地響き立てて演武された武神館道場の皆さんの真剣な表情と裂帛の気合・気魄が、はらわたをゆさぶり、爽やかで、しかも心強い印象が脳裡に刻まれました。

　初見先生とは、テレビ・雑誌などで、私が忍法研究家・作家として、忍法の歴史などの解説を何度か解説しましたが、そのことより武道についての心がまえなど多年のご指導をいただき、ありがたくおもっています。

　初見先生は、「真の武道は高度な平和的芸術である」といわれています。私などにはうかがいしれない境地に到達されているようですが、ペンしかない私も、その境地にすこしでも近寄れるよう精進と修行を重ねなければいけないとおもっています。

　第2回ザ忍者世界大会をめざしフレッシュ・ゴウ。手をとりあって頑張りましょう。

オー・マイ・サンシャイン

宗谷　真爾

　亡き母の法要のために生家へいっていて、野田を出たのが1時半。筑波山麓のゆうもあ村まで常磐高速を車で突っ走ること約1時間。演武会は終っていたが、3時から野外パーティの予定だった。会場にはすでに世界各国からの忍法修業者が参集していた。
　会場に出た食事のメニューを試みにあげると、フカシイモ、ミソデンガク、ウスとキネで、世界じゅうの人がその場でつきあげたカラシもちなど、伝統的な日本の味を演出したもの。都会ではほとんど味わえぬイナカの味覚が、参加者を魅了したようだった。
　会が始まった。弟子たちから「宗家」と呼びならされる初見さんの、まずはすばらしい演技力に拍手を送りたいと思う。演技ということばには語弊があるかもしれぬが、たとえば「ユーアー・マイ・サンシャイン」をデュエットで外人女性と歌いかつ踊るかれには、まさに名優の風格があったと記せば、おわかりいただけるだろうか。
　「ゆうもあ」とは諧謔を意味するユーモアではない。「ゆう」は英語のユウ（君、あなた）であり、「もあ」は仏語のぼく（私）であると、村長の小橋さんが教えてくれた。異国語で命名されながらも、山の中腹のこの「自然休暇村」には、ゆたかな歴史と伝説が息づき、まつわりついている。
　いま、そこに戸隠流の忍者屋敷が完工した。世界忍者大会が10月28、29、30日の3日間にわたり開催された。このあまりにも日本的な小村落で、世界の縮図のようなパーティがおこなわれたのだ。が、そこにはなんの違和感もない。むしろふしぎなハーモニィがあり、平和の息吹きがあることを発見したのは、まさにひとつの収穫ですらあった。初見さんの才腕と秀抜な演技力がものをいったのではないか。
　その席でぼくは、「初見さんを一言で評するなら文字通りスーパーマンである」と述べた。むろん武技の冴えもあるが、演劇科出身の氏の巧みな会のきりまわしにも、スーパーぶりがうかがえたからだ。
　忍術は平和の術であると、初見さんはいう。アメリカのスーパーマンにしろ、日本のウルトラマンにせよ「平和の使者」だった。武術では天下無敵の強剛であるかれも、きわめてその性穏健、門弟をかわいがり、行動力の面でも群をぬく。つぎからつぎへと空想をふくらませながら、それを単なる夢に終らせず、奔騰す

●第4章　世界マーシャルアーツ大会

るエネルギーをもって実行していく。天賦の才もあろうが、まさにかれなればこそ、かくも世界に多くの門弟を持ち、慕われ、発展しえたのであろう。

　戦国と徳川の封建時代をへて、無用の長物化し、語り草になったかにみえる忍びの術が、かたちをととのえ、現代的な日本のマーシャルアーツとして、みごと蘇生に成功したのも——その奇跡をなしえたのも、一にかかって初見君ならではの業績であろう。

　筑波の山のふもとにあつまった世界の人びとが、願わくは一陣の風となり、平和の種子を世界のすみずみまでバラまいてほしいものと、心から祈らずにいられない。

オールスター家族歌合戦に出演

武神界の本質は楽天家族の集まりでもある。私は師弟という関係でしばられることが大嫌いである。私は師になりたくない。友がいなくなってしまうからだ。淋しいからだ。武友と稽古したり語り合ったりする情熱に燃える、キュートボーイだからだ。

|著者|

初見良昭 はつみまさあき

昭和6年12月2日千葉県野田市に生まれる。
武芸考証家。日本作家クラブ会員。
戸隠流、玉虎流、九鬼神伝流、虎倒流、義鑑流、神伝不動流、
玉心流、雲隠流、高木揚心流、九流派宗家、武神館道場館長。
日本外国特派員協会名誉会員。
主な著書に『戸隠流忍法対術』『いま忍者』『NINJUTSU』
『棒術』『槍術』『ナイフ・ピストルファイティング』
『秘伝戸隠流忍法』など。

Martial Arts in the World
世界のマーシャルアーツ 新装版

著 者　初見良昭
発行者　櫻井英一
発行所　株式会社 滋慶出版／つちや書店
　　　　〒100-0014　東京都千代田区永田町2-4-11
　　　　TEL 03-6205-7865　FAX 03-3593-2088
　　　　MAIL shop@tuchiyago.co.jp
印刷・製本　日経印刷株式会社

©Jikei Shuppan　Printed in Japan

落丁・乱丁は当社にてお取替えいたします。
許可なく転載、複製することを禁じます。

この本に関するお問合せは、書名・氏名・連絡先を明記のうえ、上記FAXまたはメールアドレス
へお寄せください。なお、電話でのご質問はご遠慮くださいませ。またご質問内容につきましては
「本書の正誤に関するお問合せのみ」とさせていただきます。あらかじめご了承ください。

http://tuchiyago.co.jp